编委会

顾　问　　李根能
主　任　　罗洪庆
副主任　　王华武
成　员　　罗明国　罗福安　罗保年　白永英

⑤

布依学研究

——布依族非物质文化遗产传承保护交流会专辑

罗洪庆　主编

云南大学出版社
YUNNAN UNIVERSITY PRESS

图书在版编目（CIP）数据

布依学研究：布依族非物质文化遗产传承保护交流会专辑/罗洪庆主编. -- 昆明：云南大学出版社，2017

ISBN 978-7-5482-3118-9

Ⅰ.①布… Ⅱ.①罗… Ⅲ.①布依族—民族历史—中国—文集②布依族—民族文化—中国—文集 Ⅳ.①K286.8-53

中国版本图书馆CIP数据核字(2017)第222250号

责任编辑　王　磊
封面设计　王嫄一

布依学研究

——布依族非物质文化遗产
传承保护交流会专辑

罗洪庆　主编

出版发行：云南大学出版社
印　　装：云南康龙彩印包装有限公司
开　　本：889mm×1194mm　1/32
印　　张：5.75
字　　数：149千
版　　次：2017年12月第1版
印　　次：2017年12月第1次印刷
书　　号：ISBN 978-7-5482-3118-9
定　　价：68.00元

地　　址：昆明市一二一大街182号（云南大学东陆校区英华园内）
邮　　编：650091
电　　话：（0871）65031070　65033244
E – mail：market@ynup.com

本书若发现印装质量问题，请与印刷厂联系调换，联系电话：0871-65116781。

■ 2016年3月1日，河口县布依学会召开《布依学研究》第四辑出版发行会。

摄影：罗福安

■ 2016年3月15日，河口县布依学会召开"唢呐大号"传承培训会。

摄影：罗福安

■ 2016年四月八牛王节,迎接贵州布依族嘉宾。

摄影:罗福安

■ 2016年四月八牛王节,祭始祖布洛陀。

摄影:罗福安

■ 2016年四月八牛王节，祭牛王。

摄影：罗福安

■ 2016年四月八牛王节，河口县布依学会文艺队表演文艺节目。

摄影：罗福安

■ 2016年四月八牛王节，河口县布依学会文艺队表演牛舞。

摄影：罗福安

■ 2016年河口布依牛王节，贞丰县布依学会应邀参加布依服饰展演。

摄影：罗福安

■ 2016年河口布依牛王节，越南勐康县布依族应邀参加节日活动。
摄影：罗福安

■ 2016年河口布依牛王节，关岭县布依族与河口布依同唱我们的四月八。
摄影：罗福安

■ 2016年河口布依牛王节，花溪水车坝布依族应邀参加布依服饰展演。

摄影：罗福安

■ 2016年河口布依牛王节，马关县布依族应邀参加布依服饰展演。

摄影：罗福安

■ 2016年河口布依牛王节,关岭县布依族应邀参加布依服饰展演。

摄影:罗福安

■ 2016年河口布依牛王节,望谟县布依族应邀参加布依服饰展演。

摄影:罗福安

■ 2016年河口布依牛王节，荔波县布依族应邀参加布依服饰展演。

摄影：罗福安

■ 2016年5月14日，河口县布依学会召开"布依族非物质文化遗产传承保护交流会"。

摄影：罗福安

■ 2016年六月六，河口县布依学会应关岭县邀请参加六月六演出。

摄影：孟国翠

■ 2016年六月六，河口县布依学会代表团在关岭合影。

摄影：孟国翠

■ 2016年10月，河口县布依学会与云南大学罗祖虞教授，研究生李有开在宁蒗县调查布依族。

摄影：李有开

■ 调查组与宁蒗县布依族合影。

摄影：李开有

■ 2016年9月，河口县布依学会在老汪山冷水沟党支部开展"两学一做"和民族知识讲座。

摄影：王培恋

■ 参加老汪山冷水沟党支部"两学一做"和民族知识讲座全体人员合影。

摄影：王培恋

■ 2016年11月6日，河口县布依学会应请参加册亨县刺绣论坛会。

摄影：罗保年

■ 2016年11月6日，河口县布依学会会长罗洪庆在册亨县刺绣论坛会上发言。

摄影：罗保年

■ 2016年10月，河口县布依学会参加县第三十三届边城杯篮球运动会（女队）。

摄影：白永英

■ 2016年10月，河口县布依学会参加县第三十三届边城杯篮球运动会（男队）。

摄影：王培恋

■ 2016年11月12日，河口县布依学会参加中越边境交易会迎宾。

摄影：张斌

■ 2016年11月12日，河口县布依学会在边交会展厅表演唢呐抬酒。

摄影：罗福安

■ 2016年11月12日，河口县布依学会在边交会展厅表演山歌对唱。

摄影：罗福安

■ 河口县布依学会参加贵州关岭县布依族文化传承与弘扬经验交流座谈会。

摄影：孟国翠

■ 河口县布依学会参加迎新年国门升旗仪式。

摄影：罗福安

■ 编委会成员照（右起王华武、罗保年、罗洪庆、罗福安、白永英、罗明国）

目 录

非遗保护传承研究

河口县布依族传统文化传承保护探索 ………… 罗洪庆（3）
河口县布依族刺绣现状和发展思考 …………… 罗洪庆（9）
河口县布依族传统民歌传承保护的实践 ………… 白永英（13）
布依族非物质文化遗产的保护与利用
　　——黔西南州非遗保护与利用工作概述
　………………………… 黔西南州布依学会（19）
布依族传统文化的传承、保护与发展
　　——来自贵州省望谟县的做法与经验 ………… 刘衍芬（26）
论贞丰县布依族非物质文化遗产的传承与保护
　……………………………………… 毛天松（37）
论关岭县布依族传统文化的传承与保护
　　——贵州省关岭布依族苗族自治县非物质文化遗产保护
　　传承交流材料 ……………… 关岭县布依学会（46）
论惠水县布依族非物质文化遗产的普查传承和保护
　……………………………………… 罗永国（53）
论布依族传统文化的传承与发展 ………………… 王兴珍（59）

将布依族悠久的历史、文化和古老的民族文字刻写、刺绣在
　　布依大地上及布依人生活里
　　　　——在2016年·中国册亨·布依族文化年"中华布依族
　　　　刺绣艺术传承发展论坛"上的发言 ……… 罗祖虞（65）

历史文化研究

越人、百越民族人文始祖布洛陀时代背景、思想价值及贡献的
　　初步研究 ……… 罗祖虞　罗有奎　雷金福　王云奎（73）
论封建社会男尊女卑时期布依族妇女的社会地位
　　……………………………………………… 梁永德（89）
会泽壮—布依民族悠久的历史与灿烂的传统文化
　　……………………………………………… 李有开（94）
云南丽江市宁蒗县永宁乡布依族调查研究 ……… 罗洪庆（111）
21世纪之初古百越文字发现、初步整理、研究及其意义
　　………………………… 罗福虞　陈燕　雷金福（118）
论抢救与搜索整理布依族摩经古籍文献 ………… 郭正雄（127）
罗甸县布依族的历史文化 …………… 罗甸县布依学会（133）
金沙江畔昆明东川布依民族历史与特色文化田野考察
　　……………………………………………… 侬道敏（137）

经济发展研究

党的惠民政策惠及布依族村民的调查 …………… 罗洪庆（159）

民族团结社会稳定研究

党的民族政策是加强各民族团结 社会稳定的基础
.... 黄素华（167）

前　言

　　非物质文化遗产是民族精神文化的重要标志，它包含着民族的思维方式、想象力和文化意识，承载着一个民族和族群文化生命的密码，是体现一个民族或族群文化身份、文化主权的基本依据。随着当今科技的迅猛发展和经济全球化的加快，逐步形成强势文化对弱势文化的侵蚀，也是对民族传统文化的侵蚀，从而导致许多民族的本土传统文化面临消亡的危险。因此，为保护非物质文化遗产，2005年国务院办公厅出台了《关于加强我国非物质文化遗产保护工作的意见》，2011年国家又公布了《中华人民共和国非物质文化遗产法》。并阐明非物质文化遗产是指各族人民世代相传并视为其文化遗产组成部分的各种传统文化表现形式，以及与传统文化表现形式相关的实物和场所，包括口头文学以及作为其载体的语言；传统美术、书法、音乐、舞蹈、戏剧、曲艺和杂技；传统技艺、医药和历法；传统礼仪、节庆等民俗；传统体育和游艺及其他非物质文化文化遗产。非物质文化遗产的保护主体主要是各级政府及其有关部门。

　　河口县布依学会根据《中华人民共和国非物质文化遗产法》第一章第九条"国家鼓励和支持公民、法人和其他组织参与非物质文化遗产保护工作"的规定，将布依族非物质文化遗产的保护写进布依学会的章程。河口县布依学会于2016年5月14日，在桥头苗族壮族乡人民政府三楼会议室召开布依族非物质文化遗产传承保护工作交流会，邀请云南省布依学会，东川区布依学会，云南民族大学，贵州省黔西南州，安顺市，关岭县，贞丰县，安龙县，望谟县，荔波县，惠水县，罗甸县，贵阳市的花溪，花溪水车坝，乌当区，广西田阳县，曲靖市的罗平县等州、市、县的158人参加会议，交流非物质文化遗产保护传承的经验。

在大会上交流发言的共有9个市县。有很多市县的经验值得推广学习，我们将这次会议收到的论文、发言材料汇编为《布依学研究·布依族非物质文化遗产传承保护专辑》出版发行。从论文集中可以见到河口县布依学会的经验：一是筹集资金，用资金鼓励传承人带徒弟，用资金鼓励群众学吹唢呐、学吹大号；二是利用传统节日展演传统文化，为传承非物质文化遗产搭平台；三是编写《非物质文化遗产传承课本》，为传承非物质文化遗产（以下简称非遗）创造传承条件。贵州省黔西南州的经验是：依托民族节日传承传统文化；建立培训基地，培训中小学布依族教师，在学校开设非遗课，传统文化进校园。望谟县的经验：一是布依族非物质文化遗产进校园，双语双文教学；二是制作传统文化电视剧。贞丰县的经验：一是成立了非物质文化遗产保护管理中心，核编制3人；二是落实非遗保护传承经费；三是传统文化进校园。惠水县的经验：一是由文广局、发改委、财政局、教育局、民宗局组成非遗普查领导小组；二是成立非遗保护中心，有人员编制，有经费预算；三是建立非遗数据库和展示厅。惠水县有国家级保护名录2个，省级保护名录3个。关岭县的经验：第一，领导重视，成立了非物质文化遗产保护传承机构；第二，投入资金真抓实干。自2005年以来，抓非遗投入资金700多万元，用于挖掘、收集、整理、研究、申报、宣传等开支；第三，申报布依族非物质文化遗产的名录级别。布依族服饰被列入国家级名录，列入省级名录的有8项，即"布依盘江小调""布依吹打乐""姊妹箫""布依土布制作""布依族织锦""木城布依竹筒歌""布依族摩经""布依族铜鼓舞"，县级名录有21项；第四，非遗进校园有 20 余个点，这些点设在县民族高中、寄宿制中学、县一中及各乡镇小学。第五，利用布依族的"二月二""三月三""四月八"等传统节日，开展传统文化活动，为传承非遗搭平台。

这些做法和经验值得推广到云南和贵州的布依族地区借鉴学习。

还有罗祖虞教授撰写的《越人、百越民族人文始祖布洛陀时代背景、思想价值及贡献的初步研究》《二十一世纪之初古百越文字发现、初步整理、研究及其意义》，是很宝贵的科研成果，阅读后使读者、学者对百越民族的人文始祖有了清晰的认识。另外，让布依族知道古时候有自己的民族文字，并且在民间流传至今，还有少数布摩能够诵读，是很了不起的事。过去有许多布依族知识分子撰写布依族史、布依族志，以及撰写论文都说布依族有自己的语言，无自己的文字，阅读罗教授的文章后应该更正这一观点。云南民族大学民族文化学院研究生李有开撰写的《会泽壮—布依民族悠久的历史与灿烂的文化》一文，阐述了曲靖市会泽县自称布依、他称仲家，行政划为壮族的人的居住分布情况，全面阐述了他们的姓氏、历史、文化、语言、文字、信仰、服饰、婚礼、葬礼、禁忌、节日、音乐、舞蹈、礼仪。这一研究成果很有价值，为资政、存史、研究提供了依据。

编　者
2017 年 4 月

非遗保护传承研究

外国短篇小说

河口县布依族传统文化传承保护探索

罗洪庆

河口县位于云南省南部，红河州东南端，与越南社会主义共和国老街省山水相连，国境线长193公里，国土面积1332平方公里。最低海拔76.4米，是云贵川最低点。拥有国家级口岸2个，县城有3座大桥通越南。省会昆明至河口有高速公路和蒙河铁路。最早的铁路是1904年法国修筑的滇越铁路。

河口县的布依族是贵州省的移民，根据家谱记载，是清嘉庆年间由贵州省的都匀、福泉、麻江、贵定、瓮安等县迁来的。自称布依，他称仲家、都匀人、都夷人。主要分布在河口县桥头乡的老汪山村、桥头村、竹林寨村，共有15个自然村，纯居村有10个，杂居村有5个。有400多户，2600多人。

一、主要的传统文化

河口县布依族过去居住建筑为吊脚楼，有的楼上住人，楼下关牲畜，有的楼上楼下都住人，因气候关系，大多数是竹木结构。节日有二月二、三月三、四月八牛王节、六月六祭稻节。传统饮食：爱食糯米，喜染五色花饭，做糍粑、粽粑、蒸糕粑、饵快粑，染红绿鸡蛋。传统对歌：常在赶集、走亲串戚、节日、结婚、新居落成时对歌。传统婚姻：过去有父母包办的，也有自由婚姻的，还有姑舅表婚、两换亲习俗。婚姻程序：请小脚媒、大媒、讲礼物、择婚期、请客，喜酒办三天，分为过礼、接亲正酒、散客等，结婚时新娘的交通工具过去分贫富，富者坐轿，中等者骑马，贫者步行，现在多坐车。结婚乐器也分贫富，坐轿者吹唢呐、敲锣，骑马和步行者吹唢呐。唱婚礼歌的顺序是：接亲歌、哭嫁歌、送亲歌、敬酒歌。

传统丧葬，与其他民族的区别有三点：（1）父母去世，孝子吃素，不上楼，坐凳不得高过垫棺材的凳子，未出殡之前孝子只能睡地铺，夫妻不得同床。（2）出殡的前一天晚上兴唱"二十四孝"，唱"孝歌"。（3）丧葬兴打花猫，染黑脸。

传统风俗，春节煮年庚饭和年庚菜，初一清早开财门，上午吃素，妇女不出门，不扫地，初二打牙祭，三天春节期间挑水要在水井边烧香纸，初一至十五不推磨、不舂碓。正月的最后一天祭龙，二月初二祭山神，三月初三祭祖，四月初八祭牛王，忌用牛，六月初六祭水稻。

二、传统文化保护项目的审批和等级

（一）省级名录

有一个布依族传统文化保护区，保护范围有 13 个布依族自然村。省级传承人 1 名。保护的自然村有：老董上寨、老董下寨、荒田坡、夹马石、老苏箐、麻粟山、歇场坡、半坡寨、坪子寨、冷水沟、大竹棚、马鞍田、老刘冲。

保护项目有 10 个：

（1）布依语。属汉藏语系壮侗语族壮傣语支。布依语是布依族的重要标志之一，是交流思想的工具，因某些原因，保护区的布依语言濒危，被列为保护项目。

（2）干栏式吊脚楼。布依族的住房特点之一，是布依族祖先在长期的自然条件和经济条件影响下逐渐发展形成的，是布依族建筑文化和建筑智慧的结晶，因受现代建筑的影响而濒危，被列为保护项目。

（3）传统祭祀。祭布依族始祖布洛陀、祭家祖、祭牛王、祭水稻和田公地母、祭山神。这些都是布依族古代自然崇拜的活化石，传递着古代的社会文化信息，被列为保护项目。

（4）传统服饰。布依族的重要标志之一，既是布依族的装饰品，也是布依族妇女的智慧作品，现在已濒危，被列为保护项目。

（5）传统艺术。桥头布依族传统文化保护区的传统艺术有挑花刺绣、唢呐、花灯、民歌、雕刻。刺绣有十字绣、滚绣、折花。唢呐、民歌属于音乐，也是艺术。花灯属于戏剧，分节庆花灯、丧葬花灯。雕刻有木雕和石雕，属于艺术，上述艺术被列为保护项目。

（6）民间文学。包括故事、歌谣、谚语。故事有神话、神奇、精怪、传说、童话等。歌谣有创世歌、历史传说、劳动歌、时政歌、仪式歌、生活歌、儿歌。谚语有时政类、事理类、修养类、社交类、自然类。体现了布依族人民的文化观、伦理道德观、审美观、意识信仰、艺术情趣等，被列为保护项目。

（7）传统节日。有二月二、三月三、四月八、六月六。二月二是祭山神，三月三是祭祖节，四月八是牛王节，六月六是水稻节。每个节日都有它的故事和传说，都传递着古代文化信息，都与清吉平安，保护庄稼、畜禽有关，被列为保护项目。

（8）传统药食。布依族在历史长河中，通过实践总结出许多绿色植物既是菜又是药，两者兼备，既增加营养又治病，有较高的药食文化价值。

（9）传统绝技。开红歃、下火海。开红歃，用尖刀穿手腕皮肉，刀叶插在皮肉中，刀柄担于肩上跳舞。下火海，赤脚从4米长的火坑中走过，火不伤脚，又饱眼福又惊险，被列为保护项目。

（10）唢呐抬酒。酒碗盛酒置于桌上，边吹唢呐边用唢呐将酒碗撮在唢呐上抬着走路，唢呐不停地吹着，酒碗不掉。唢呐抬酒有很高的技巧，属真功夫，被列为保护项目。

（二）州级名录

州级传统文化保护区名录有1个自然村，保护项目同省级。州级传承人有6人，其中音乐传承人4人，民间礼仪传承人1人，饮食传承人1人。

（三）县级名录

县级名录有34个，其中有唢呐之乡1个，故事6个，谚语4则，歌谣9个，舞蹈1个，花灯3个，音乐2个，雕刻1个，建筑1个，唢呐乐2个，传统体育2个，村规民约1个，唢呐传承人13人。

三、对传统文化传承保护的评价

各级政府对非物质文化遗产的保护是重视的，但实际上只管申报和审批，传承和保护不到位，非遗保护方面的资金未进入非遗保护的盘子，非遗保护部门无资金举办传统文化传承培训，传统文化保护区无资金投入。传统文化的传承是采取补助各级传承人的方法，国家级传承人每年补助8 000元，国家级传承人河口县没有；省级传承人每年补助3 000元，河口县只有1人；州级传承人每年补助1 000元，河口县有6人。县级传承人无补助。这种传承方式效果不佳，一是这种传承的面太窄。如河口县布依族省级传统文化有10个保护项目，只有1个传承人，他是搞雕刻的，挑花刺绣、民间礼仪、唱山歌、民间文学、药食文化、舞蹈、编织、服饰、银首饰、唢呐、花灯等等的传承人都是空白。州级传承人音乐方面的有4人，饮食方面的1人，民间礼仪的1人，还有8个项目未列传承人，缺漏太多。二是各级传承人找不到接班人。过去传承传统文化是自然传承，十四五岁就学唱民族歌，女人十二三岁就学绣花，十七八岁就学缝民族服装。现已失去自然传承的环境，小孩7岁起就进入学堂学汉文化，初中毕业已十六七岁，未继续升学的人就外出打工，他们没有机会接触本民族的传统文化。各个自然村都只有少数青壮年在家从事农业或者在本地打工，早出晚归。这种状况如何传承本民族的传统文化？面对这种状况，布依学会只有出来参与传承保护。

四、河口县布依学会对传统文化的传承保护所采取的方法

（一）组织布依族传统文化活动

布依学会自2008年12月成立以来，共开展了9次传统文化传承活动，这些文化传承活动，要求跳布依族舞蹈、唱布依族歌、吹布依族唢呐、穿布依族服饰、绣布依族的花……布依族的媳妇有多种民族成分，也纳入传承对象，用这种方法培养一批传承人，但是需要获得开展传承文化活动的经费。

（二）举办传统文化传承培训班

举办传统文化传承培训班，用钱鼓励传承传统文化，奖励吹唢呐、唱布依族歌，奖励挑花刺绣，奖励穿布依服装等等。学习每一项传统文化都经过组织表演考核，合格者发奖金，比如学民间礼仪成功者，师徒各发500元奖金（这个项目需学3至5年才能成功），学吹唢呐考核合格者，每人发300元奖金，带徒弟的师傅发150元。学每一项传统文化都设奖金，并在考核会上当场兑现。用此方法已培养出唱山歌的年轻人8人，礼仪传承人2人，吹唢呐年轻人2人，挑花刺绣的5人。2010年在老董下寨组织第一次考核，2017年要组织第二次规模更大、更广泛的考核。

（三）编辑传统文化传承课本，传承传统文化

这本传统文化传承课本正在编辑，分为纸质课本，电子课本。第一部分共分86课，第一课是族源族称，第二课是人文始

祖布洛陀，第三课是语言，第四课是文字。第二部分是民间文学。民间文学含故事、歌谣谚语，共有20课。民间故事分11课，歌谣分6课，儿歌分4课，谚语有16条。民歌分为20课，花灯曲为18课，其中，节庆花灯11课，丧葬花灯7课，唢呐曲分为10课。课本编辑出版之后，召集布依族中小学教师、中小学学生、机关工作人员、农村青壮年开会，动员传承。学课本中每一项传统文化都设奖学金，分期召开考评会。考评合格就发放奖学金。现在是经济飞速发展的时期，用奉献精神来传承传统文化是不可能的。有这样奉献精神的人太少，要传承一个民族的传统文化，要花很大的工夫才能实现。

河口县布依族刺绣现状和发展思考

罗洪庆

挑花刺绣是手工艺的一种，用彩色丝线在纺织品上绣花鸟、景物。民族民间传统工艺是各民族为满足物质和精神需要，在不同的历史条件下，采用各种物质材料和技术手段进行人工造物所用工艺技能的总称，是各民族文化的重要组成部分。布依族的手工艺是布依族文化的重要组成部分。民间传统工艺主要有以下几种：金属工艺、编织工艺、陶瓷工艺、漆器工艺、木作工艺、造纸印刷工艺、泥捏工艺、印染色工艺、纺织工艺、刺绣工艺、服饰工艺、彩扎工艺、酿造工艺等。这次册亨县举办的"布依族刺绣艺术传承发展论坛"和全国少数民族刺绣艺术大赛，分为艺术作品类和手工艺品类。河口县布依族学会是来感受、来学习、来观摩、来拜师的。

河口县与越南社会主义共和国老街省接壤，边境线有193公里，河口县城与越南老街省城老街市仅一河之隔，鸡犬之声相闻。河口有布依族2 600多人，都是贵州省的移民。河口县的布依族妇女历来喜欢绣花，用刺绣品装饰自己。挑花刺绣的针法很多，有十字绣、堆绣、平绣、滚绣、疙瘩绣等。十字绣，是依绣花布的经纬线走针，无需画图，可以照花样刺绣，也可以自己设计刺绣，而滚绣、疙瘩绣需在布上画图，依图而绣。河口县布依族常用的是十字绣和滚绣。十字绣用于绣妇女衣袖、裤脚、围腰带、笔包、生活用包、先生用的飘带等。十字绣的图案名称有：

大香吊、小香吊、绩盘、花瓶、双蝴蝶、大蝴蝶、四蝴蝶、单蝴蝶、草兰花、小牡丹、大牡丹、剪刀花、竹叶花、银勾花、三葡萄、四葡萄、大葡萄、小葡萄、螃蟹花、木槿花、半垭盒子等二十余种。滚绣常绣在围腰、满帮鞋、背小孩的背带。滚绣的图案有：大牡丹、刺梨花、鸟、蝴蝶、蜘蛛等。并可随心所欲，喜欢什么就画什么图案绣，绣花图案是穿戴物上的装饰品，它使妇女美上加美，同时，妇女也是绣花图案的设计师。在20世纪90年代以前，十五六岁的姑娘就开始学挑花刺绣，十七八岁就十分娴熟了。并且人人都穿着民族服装，穿民族服装就必须绣花，特别是妇女的鞋子、裤子、围腰、衣袖都有绣花图案，过去中青年妇女常利用放牛、唱歌、做客、晚餐后的时间绣花。

一、21世纪以后绣花的现状

20世纪90年代以后，特别是21世纪以来，多数青壮年都外出打工、做生意，穿汉族服装，部分在家发展养殖业，都嫌民族服装麻烦，到市场买汉族服装穿着，年轻的妇女忙抓经济，没时间绣花。另外，多数人不穿民族服装，不需要绣花，使绣花人传承断代，导致只有50岁以上的妇女会刺绣。但是，自2004年以来，国家提出保护民族非物质文化遗产，开展民族节日文化活动，保护民族传统文化，特别是展演民族的节目，观看民族文化活动，过民族传统节日都要求着民族服装，参加人代会、党代会都要着民族服装。因而部分中青年妇女又开始刺绣，不会绣花的中青年妇女也开始学绣花。但她们为数不多，仅占成年妇女的20%，并且年龄都在30岁以上。15岁至30岁的人群无人学挑花刺绣，她们有空都是玩手机。少数中年妇女绣花卖，售价比较高，成了抢手货。只有1900个布依族的桥头乡有一台绣花机器代替人工刺绣，售价比人工绣花低10倍。机器绣花省工、省时间、省钱，但在不久的将来可能会导致绣花手工艺的失传。

二、布依族刺绣的发展思路

(一) 保护民族服装为传承挑花刺绣搭平台

河口县布依族的绣花图案主要用于妇女的衣裤、围腰和鞋子，绣花与穿戴有密切的联系，民族服饰存在，绣花就存在，民族服饰消亡，挑花刺绣随之消亡。布依族服饰是布依族的重要标志之一，布依学会要向广大的布依同胞宣传，不要自己消灭自己的民族传统服饰，要号召布依族穿布依族的服装，不要自己看不起自己，要把刺绣列为非物质文化遗产保护项目来保护。穿民族服装的人多，挑花刺绣就会继续传承。

(二) 举办绣花培训班，增加绣花人群

20 世纪 90 年代以来，青壮年外出打工、做生意，她们没机会绣花，没机会穿民族服饰。所以，1990 年至 2004 年间，只有老人才有民族服饰，民族服饰濒临消失。自 2001 年云南省人大常委会出台《传统文化保护条例》后，2004 年全省开展传统文化普查，开始申报传统文化保护区和文化艺术之乡，组织民族节日文化活动，要求穿民族服装表演，穿民族服装观看表演，挑花刺绣又慢慢起步。但是 30 岁以下的妇女不会绣花，河口县布依学会举办过一期培训班，使刺绣传承后继有人。河口县布依族人口仅有 2 500 人，周边马关县有 6 000 多人，越南边界有 2 000 人，加起来只有 1 万人左右。所以，要加强培训工作，培养刺绣人群。

(三) 挑花刺绣能手申报为传承人代表人物

传承人代表人物，分为国家级、省级、州级、县级，名额是有限的，而且现在申报传承人是爬阶梯式的，申报州级，必须原来是县级；申报省级，必须原来是州级。如果一个县有 10 个绣花能手，只能申报一个作为代表人物，还有 9 个未能申报，申报

也不可能批准。只能通过普查，确定会挑花刺绣的人，根据水平列出等级，由民族宗教部门或文化部门发给证书，如果协调不了，就由布依学会发给证书。并且一年召集开一次会议，鼓励她们培养徒弟，培养成功一个徒弟，师傅、徒弟都发给鼓励金，包括布依族的异族媳妇在内。这样可能会取得一定的效果。但是人工刺绣的工效太低，工价太高，慢慢就会被机器绣花代替，但人工刺绣有较高的保存价值，更应该打造成文化品牌、商品，促进经济发展。

河口县布依族传统民歌传承保护的实践

白永英

布依族是一个喜爱唱歌的民族，过去恋爱、婚嫁、节日、祭祀、赶集、建房、丧葬都要唱歌。青年男女的社交活动以唱歌为主，歌的种类繁多，有历史传说、劳动歌、时政歌、仪式歌、生活歌、山歌、情歌、骂人歌等。

一、对歌的风俗

在布依族寨子里，本寨来了男青年，女青年必须邀请对歌；本寨来了女青年，男青年必须去邀请唱歌，不去邀请被视为不礼貌。唱歌的规矩是邀请方先唱，白天必须在山上唱，夜间必须在家里唱，在山上唱歌要隔树蓬，在家唱歌必须隔篱笆，唱歌者不得去解大小便，去解便视为不礼貌，必然散伙。青年男女唱情歌还要回避父母叔伯，除此之外，男青年还要回避姐，女青年还要回避兄长。男女青年对歌时互相用尊称，男称女为姐，女称男为哥，指名道姓视为无家教，无礼貌。

二、布依族对歌的分类

（一）谈情说爱对歌

男女青年谈情说爱对歌，这类对歌的人都是未婚青年，歌的内容多是抒发感情和倾吐爱慕之心，歌的题材广泛，内容丰富，用词生动，比喻巧妙。下面列举两首情歌说明。

  男唱：隔河看见荔枝根，早年认得早年跟。
     早年认得你心事，免得现在来操心。
  女答：隔河得见荔枝根，早年认得哥不跟。
     哥早认得妹心事，可是哥们不来跟。
  男唱：四棵中柱顶中梁，一棵更比一棵强。
     哪年得姐成家坐，姐的母亲我喊娘。
  女答：砍棵杉树解橡皮，一根更比一根齐。
     哪年得哥成家坐，哥的父亲我喊爹。

  歌词唱之不尽，取之不绝，"花言巧语"层出不穷。
  （二）自娱自乐对歌
  这种对歌较为普遍，有年轻人，也有中年人，他们对歌完全是为了娱乐。有的人是作歌词作得好，想展示自己的才华；有的人是唱歌好听，歌声优美，想展示自己的歌喉；有的是人长得美貌，人们寻找他唱歌。上述人群唱歌的经验丰富。这种年龄段的人唱的歌多是生活歌、古歌、月歌、盘歌、长路歌，往往围观的人很多，男女老少都来听。长路歌的歌词很多，字少的有100多字，字多的有300多字。如《正月好唱祝英台》由正月唱到十月；《字歌》从一字唱到十字；《十杯酒》从一杯唱到十杯；《正月哥哥来接妹》从正月唱到十月。下面以《探花本是古里兴》为例：

    花歌越唱越好听，琵琶越弹越细声。
    琵琶弹送交两友，花歌唱着有名人。
    一弹龙来龙现爪，二弹虎来虎现身。
    三弹五龙归大海，四弹童子配观音。
    五弹五龙盘五柱，六弹明月正中心。

七弹不唱伤父母，八弹不唱伤本身。
九弹山中梭椤树，十弹大庙观世音。
探花不单你和我，本是前朝古里兴。

(三) 婚礼对歌

　　婚礼唱的歌属于礼仪歌。这类歌，分为离娘歌、退车马词、接亲歌、送亲歌、敬酒歌。离娘歌即哭嫁歌，是姑娘离娘去夫家时唱的歌，哭着唱，歌的内容是离开娘到新的家庭，可怜妈妈做家务没人帮，做山活没人助，但是姑娘都要嫁，儿子都要讨（讨字与娶字同意），我以后的处境不知是好还是坏。现在一样都不知道。然后唢呐接着这样吹：妹妹不要哭，不要哭！青菜生成讨，姑娘生成嫁。

　　男方去接新娘的人有 8 人，其中男女青年各 2 人，吹唢呐的 2 人，负责请女方客的中年妇女 2 人，称为接亲。接亲的人到女方家要唱接亲歌。唱了接亲歌女方安排座位，抬糖水给接亲的人喝。新娘接到男方门前时，由主人安排的先生念退车马词。退车马词有 500 多字。退车马后，拜堂时唢呐师吹笛子，笛子吹的是婚礼音乐。拜堂之后，女方请来的代表人物要唱送亲歌，男方请来的歌手与女方对唱。如女方代表唱送亲歌：

看好日子送亲来，送个姑娘不成才。
手拿针线不会做，挑花刺绣不成排。

男方代表唱：

看起日子送亲来，送个美女好人才。
送给我家红花女，相貌又美人又乖。

　　一边一首地对唱，约唱半个时辰，晚餐时还要对唱敬酒歌。

(四) 唱孝歌

　　孝歌即丧葬歌，老人去世，出殡的前一天晚上，女婿、侄女婿、姑表、姨表都来上祭，晚餐后先生举行散花仪式，唱《二十四孝》，孝男孝女们跟着先生围棺材转场。散花结束，亲朋好友和部分寨邻来唱孝歌，唱孝歌的人多是中老年人，有的是独唱，有的是对唱，对唱的都是男对女或女对男，不兴同性对歌。但对唱也论班辈，唱孝歌的时间一般是夜间11点至凌晨3点左右。歌词是围绕悼念死者而作。如：

> 今天来到孝家门，一层板凳一层人。
> 层层板凳有人坐，个个都是唱孝人。

另一人唱：

> 今晚走到孝家来，孝家门前挤不开。
> 亲戚感到心凄惨，儿女个个哭哀哀。

（五）宗教活动唱歌

河口县布依族的宗教活动有"做斋""度职""打保福""搭桥""扫保寨"等，这些宗教活动都要唱歌。比如打保福，除先生做十二坛外，还夹杂傩戏，唱十二花园，演出时一人扮小丑，一人扮仙姐，一个扮童子哥，三人表演，有唱、有跳。有剧本，按剧本演出。如：

> 小丑唱：一更阳雀叫啾啾，打扮仙姐巧梳头。
> 　　　　左边梳起龙戏水，右边梳起插花楼。
> 童子哥唱：二更阳雀叫喳喳，打扮仙姐巧戴花。
> 　　　　戴花莫戴板栗花，要戴牡丹巧配她。
> 仙姐唱：三更阳雀叫兮兮，收拾打扮巧穿衣。
> 　　　　取出一件又嫌短，取出二件又不齐。
> 　　　　三件四件正合体，穿着出去就演戏。

剧本有5 000多字，需半个时辰才能演完。

（六）放七姑娘对歌

布依族正月初二至正月十五，有一种娱乐活动称为放七姑娘。本寨的青年男女集中在一户宽敞的人家，请愿做七姑娘的人坐一排，师傅点燃若干炷香，插三炷在主人的神龛上。愿做七姑娘的人坐在一排，头盖围腰，左手执白毛巾，右手执香，双脚颤颤。师傅念咒语，15至20分钟见分晓。成功者甚少，最多有30%的成功率，成功者就会双脚颤抖，仿佛到了阴间世界，去天上请七仙女来唱歌跳舞，不成功的人揭开头帕做观众。成功者去天上的途中遇着各民族的死人阴魂，他和他们互相对话，语言很逼真。请七仙女下凡时，就唱歌跳舞，平时不会唱的人这时都会唱，平时不会跳舞的人，到了阴间都会跳舞。

如七仙女来到时，家中都有人唱歌：

   姐吹木叶闪悠悠，吹的歌声传九州。
   天上地上都知晓，小郎听了不舍丢。
七姑娘唱：哥吹木叶应山坡，木叶响声代唱歌。
   游子引得画眉叫，哥们引得妹还歌。
旁观者有意唱出一首歌，七姑娘就会对一首。

三、河口县布依族民歌的濒危状况

1990年以前，布依族的民歌是自然传承，因为过节对歌，赶街赶场对歌，串亲对歌，婚丧喜事也对歌。特别是过年过节满山坡都有人对歌，一般12岁左右的人就去听歌，15、16岁就去唱歌，18岁至20岁就会对歌。河口县1980年实行计划生育，人口增速降低。1990年以后，青年人急剧减少，大多数人都出去打工、做生意，儿童7岁开始读书接受汉文化教育。从此，谈情说爱不唱歌，婚礼不唱歌，丧葬无人唱歌，宗教活动不唱歌，过年过节歌山上空无一人，特别到21世纪，青年都不会唱本民族的歌。现在只有50岁以上的人会唱布依族民歌，布依族民歌很快将面临失传。

四、布依族民歌传承保护的对策

（1）搜集整理布依族民歌出版。建立布依族民歌数据库保存。河口县布依族有酷爱研究民族历史的文化者，1991年就搜集布依族民歌、故事、谚语，在河口县民间文学出版。2007年，撰写《云南河口布依族文化》一书在云南民族出版社出版，书中有布依族民歌500多首，布依族故事30个，将布依族的传统民歌，记载在书中永久保存。

（2）2016年河口县布依学会正在编辑布依族民歌纸质课本和电子课件，进行传承。利用课本培训年轻人唱布依族开歌，培训成功后组织演唱考核发奖。

（3）利用传统节日开展文化活动，为传承民歌搭平台。节日文化活动，特意安排民歌演唱、对唱，鼓励年轻人学唱布依族民歌上台演唱。并规定老年歌手的责任是传承给年轻人，推荐年轻人上台演唱。通过这种平台，共培养了8个年轻人学会唱布依族民歌。今后要利用民歌课本培养布依族老师、学生。年轻人唱布依族民歌，要分批进行考核，演唱合格者发给奖金，只有这样才能提高大家传承的积极性。

布依族非物质文化遗产的保护与利用

——黔西南州非遗保护与利用工作概述

黔西南州布依学会

按照《中华人民共和国非物质文化遗产保护法》和《贵州省非物质文化遗产保护条例》的要求，黔西南州近年来开展非遗传承创新工作，情况概述如下。

一、党委政府重视，开展保护工作

（一）组织调查认定，保护文化遗产

近年来，黔西南州州委、州政府高度重视民族文化传承创新和民族教育工作，组织制定了《黔西南州关于加强非物质文化遗产保护工作的意见》，并按《加强非物质文化遗产保护工作的意见》，狠抓民族文化传承创新及民族教育工作，进一步保护和开发民族民间非物质文化遗产。一是全面开展全州非物质文化遗产普查工作，经调查、认定，全州有非物质文化遗产 3 000 余项，认定公布州级非物质文化遗产保护项目 164 项，申报并获批省级保护名录项目 52 项 60 处，申报并获批国家级保护名录项目 12 项 18 处，省级保护名录 60 项 90 处；明确 52 人作为省级非物质文化遗产传承人，并向传承人发放补助经费。二是组织召开了布依族非物质文化遗产抢救保护与开发论坛会议，来自全国各地的民族文化专家、学者集中研究了以"布依族服饰文化""铜鼓文化""八音坐唱古乐文化"为主题的布依文化继承与创新问题，明确

了抓好布依"六宝"（八音坐唱、布依戏、小打音乐、削肖贯、铜鼓文化、摩经）和布依服饰、布依医药文化的继承、创新和弘扬工作。

（二）建立数据库，夯实基础工作

组织非遗保护工作人员深入基层调查，了解国家级、省级重点非物质文化遗产项目，特别是"布依八音""布依戏"等国家级保护名录目前的生存状况、分布区域、传承人、相关场所、实物资料、相关民俗活动、保护情况等，全面掌握其现状及存在的问题。运用文字、图片、音像以及数字多媒体技术，对这些项目进行全面系统的记录、整理，收集相关代表性实物，妥善保存，建立档案及相关数据库。

（三）广泛开展宣传展示活动，促进非物质文化遗产的传播和弘扬

通过广播影视、报刊、互联网等大众传媒，积极报道宣传非物质文化遗产保护工作；拍摄制作相关的视听节目或音像制品，组织相关保护成果的出版；鼓励非遗传承人参加国家、省、市各种宣传、展示活动和学术交流活动；利用文化遗产日和民族传统节日，广泛开展健康有益的民俗活动和群众文化活动，普及非物质文化遗产保护知识，促进非物质文化遗产的传播，增强全社会保护非物质文化遗产的意识，为非物质文化遗产保护营造良好的社会氛围。

（四）依托民族节日，开展大赛活动

一是利用民族民间文化资源优势，以民族节日为载体，举行丰富多彩的民族文化活动，如全州职工民族文化艺术节"多彩贵州"、普安"三月三采茶节"、贞丰"六月六"布依族风情节、兴仁"八月八"苗族风情节、顶效"查白"歌节、兴义金秋万峰旅游节等；组织参加了"全国、全省民运会""民族文艺会演"；

推出了布依"八音坐唱"、彝族舞蹈"阿妹戚托"、布依铜鼓舞等一批优秀节目，布依"竹鼓操"在全国第七届民运会上夺得金奖。二是开展了布依歌王、山歌王、民族形象大使、民族姑娘等选拔评比活动，成功推出"山水长卷·水墨金州"文化名片，展现了黔西南州浓郁的民族文化风采，促进了全州的经济建设与民族民间文化的保护和开发。

（五）建立培训基地，传播民族文化

为有效地保护和弘扬优秀的民族民间文化，进一步规范民族文化教育教学内容，提高民族民间文化教育水平，在全州全日制学校挑选出31所学校作为民族文化进校园示范学校和民族传统体育训练基地，开设民族体育、民族歌舞课程，举办20多期"双语"教育师资培训班，培训民族教师千余名，有力地推动了民族文化的保护与传承。

（六）开播语言节目，传递方针政策

为坚定不移地贯彻执行党和国家的民族政策，及时准确地向布依族、苗族群众传递党和国家的大政方针政策，让党和国家的声音传入布依族、苗族地区的千家万户，弘扬黔西南优秀的布依族、苗族文化，服务少数民族群众，增进民族团结，维护社会稳定，在黔西南人民广播电台开播布依族、苗族语言节目。同时，在布依族聚居的望谟县开播布依语电视新闻节目。

民族语言节目的开播，为广大布依族、苗族群众了解掌握党的路线方针政策、法律法规，进一步弘扬布依族、苗族传统文化，树立布依族、苗族文化品牌，促进民族文化与旅游业的发展，起到了积极作用。

（七）悬挂文字函牌，弘扬民族文化

黔西南州人大常委会审议通过了《黔西南州人民政府关于在全州党政机关、事业单位等函牌推行布依文、苗文、汉文三种文字的议案》，中共黔西南州委办公室、黔西南州人民政府办公室联合下发《关于全州机关单位函牌使用布依、苗、汉三种文字的通知》，明确单位悬挂函牌使用民族文字工作首先在州县（市、区）乡（镇、街道办事处）党委、人大、政府、政协、纪委、法院、检察院等机关和民族、宗教工作部门进行。布依、苗、汉三种文字函牌的悬挂使用，进一步弘扬了民族优秀文化。

（八）调研民族古籍，保护开发并举

为做好民族古籍的发掘、收集和整理工作，一是聘请了知名专家学者开展民族古籍调研工作，深入基层、农村收集登录少数民族古籍条目。收集整理了布依语—法语—布依语对译的工具书《布法词典》、长期流传在民间的《布依族摩经》、广泛流传在民间以谚语、古歌、民间故事为主的"三套集成"、以碑刻为主的铭刻类古籍等，登录了少数民族古籍 831 条。二是收集整理了《中国民间文学三套集成》，布依族神话传说《力戛撑天》《射太阳》《安王与祖王》《茫耶寻谷种》《查郎与白妹》《毛杉树》《赶干洞》《甲金》等得到有效保护。三是开展了《中国少数民族古籍总目提要》的收集整理工作，对少数民族古籍的保护和传承起到积极作用。四是挖掘整理出版了布依族古歌、情歌、八音专题 VCD 光盘——"飞椤飞"，填补了布依族音乐舞蹈无系统出版物的空白，被国家文化部评为最佳选题奖。

（九）加强对外宣传，推介民族文化

为把黔西南州浓郁的民族文化推向全国、推向世界，一是协助中央电视台、北京天鼎文化传播有限公司、八一电影制片厂等单位摄制了取材于黔西南州，全部在黔西南州境内拍摄的电视连续剧《绝地逢生》《云下的日子》《二十四道拐》《一路顺风》《我的母亲是歌王》等电视剧、布依族风情宣传片，并在中央电视台播出，在全国产生了极大反响，展示了民族地区浓郁的少数民族文化。二是应邀到韩国、西班牙进行民族文化艺术交流、旅游推介演出，把黔西南州多姿多彩的少数民族文化展现于世界。三是协助中央电视台拍摄"中国民歌·放歌黔西南州"6集专题片。

（十）多种措施并举，培养人才队伍

为抓好民族文化的保护传承工作，培养民族文化人才，一是采取"请进来，送出去"，举办培训班、选送专业人员到大专院校学习等方式，培训苗（中部方言）—汉"双语"、布依—汉"双语"教育教师、旅游景区导游和州直机关干部1 000余人（次）。二是为了更好地保护非物质文化遗产，弘扬非物质文物文化，申报获批国家级非物质文化遗产传承人6名，每人发给补助经费6 000元；申报获批省级非物质文化遗产传承人8名，每人发给补助经费5 000元。严格组织审查，专家无记名投票，确定州级非文物文化遗产传承人59名，其中，上报省文化厅52名。三是大力扶持社会培训产业，社会培训机构已发展到100余家，为社会培养了一大批各类艺术人才1 000余人。

二、存在的问题及今后打算

（一）存在的问题

一是缺乏民族文化人才。经调研，黔西南州缺乏既懂少数民族语言，又热爱民族文化传承工作的传承人；缺乏既有一定理论水平，又热爱民族文化理论研究的人才；缺乏既有一定组织协调能力，又懂文化艺术的群众文化活动辅导员；缺乏既懂市场经济，又懂民族文化，能把文化产品转化为商品的经纪人；缺乏既懂民族文化，又组织开展过大型活动的名编导、名演员。

二是缺乏开展民族文化传承创新及民族教育的工作经费。黔西南州是一个欠开发、欠发达的少数民族地区，各级财政困难，难以划拨更多的专项经费用于开展民族文化传承创新及民族教育工作。

三是由于没有扶持文化产业发展的专项经费，使得文化产业基础薄弱，发展较缓慢。

（二）今后打算

一是建立文化人才培训机制，加强人才培训。以贵州省文化厅实施的"培养边远贫困地区、边疆民族地区和革命老区文化工作者专项工作"为契机，制订人才培养计划，积极开展多形式、多样化的行政管理、社会文化、文化艺术、文物、非物质文化遗产保护、文化产业等专业培训，不断提高管理水平和服务能力。

二是建立文化交流机制，增强对外文化交流实力。发挥民族文化优势，广泛开展对外文化交流与合作，巩固、深化与外地区的文化关系，推动黔西南州文化"走出去"。围绕全州文化主导产业，推动文艺演出、美术交流、文化展览、民族工艺品以及形式多样的民间文化交流，促进文化产品、文化服务的输出，形成以黔西南州民族文化为主体、吸收外来有益文化、推动全州文化走向外界的文化开放格局。

三是推动体制机制创新，进一步增强民族文化发展活力。创新文化宏观管理体制。着眼于文化创新，解放和发展文化生产力，增强文化竞争力和影响力，推进文化宏观管理体制改革。加快建立党委领导、政府管理、行业自律、企事业单位依法经营的文化运行管理体制。切实转变政府职能，加快推进政企分开、政事分开、管办分离，实现由办文化为主向管文化为主的转变。按照权利、义务和责任相统一，管资产、管人和管事相结合的要求，积极探索和加强国有文化资产监督管理工作，研究制定体现社会效益、经济效益相统一的经营业绩考核办法，确保国有文化资产的保值增值。

四是建立加快发展民族地区文化事业和文化产业设施建设保

障机制。民族地区基本形成较为完善的公共文化服务体系,文化建设主要指标接近或达到全国平均水平,少数民族群众看书难、看戏难、收听收看广播电视难、开展文化活动难等问题得到基本解决。

布依族传统文化的传承、保护与发展

——来自贵州省望谟县的做法与经验

刘衍芬

望谟县属于贵州省黔西南布依族苗族自治州,位于贵州省南部。东与罗甸接壤,南与广西乐业县隔红水河相望,西隔北盘江与贞丰、册亨毗邻,北与紫云、镇宁衔接。总面积3018平方公里,人口约33万人。

望谟县近年来在抢救、挖掘、搜集、整理、研究、保护、传承和发展以布依族为主的少数民族传统文化方面所做的工作、所产生的影响力、所取得的成绩真可谓党委政府高度重视、官民一心、想法一样、步调一致、干群参与、校企结合、硕果累累、成效显著,呈现出一派日益繁荣的喜人景象。

一、基本认识与做法

（一）布依族传统文化概貌

望谟布依族的传统文化主要有纺织文化、服饰文化、刺绣文化、饮食文化、农耕文化、建筑文化、歌舞文化、节日文化、礼仪文化、祭祀文化、婚嫁文化、民间文学等等。

（二）各种分类文化保护、传承与发展简介

1. 纺织与服饰文化

望谟布依族的纺织文化传统而古老,它象征着望谟布依族人民勤于耕作,积极向上,性格开朗,热情好客,宽容和谐,知恩图报的性格特征。传统而独特的习俗为忙时耕种,闲时纺纱织布刺绣,每逢过年缝制新衣、穿着新衣唱山歌。穿着土布服饰,说着自己的语言,过着传统的节日,吃着香喷喷的五色花米饭,家家其乐融融,人人喜笑颜开。

在每年繁忙的秋收过后,每家每户当家人都会邀约结伴而行,肩扛锄头,腰系柴刀,翻山越岭去寻找新的土地准备种植棉花。在看重的山上,砍了荒山,晒干了草木,烧一把火,再把土挖开了,让一冬的霜雪浸泡杀了毒以后,等到次年农历的三月开始播种棉花,四五月除草,六月结棉铃,七月收棉花。根据棉花的颜色分为两种:乳白色的叫小棉花(布依话叫:waaisgais);雪白的叫大花,也叫白棉花(布依话叫:waaishaaul)。这两种棉花颜色不一样,两者的保暖性、纤维弹性及纺出的棉纱特色也不同。望谟布依族从古到今都非常喜爱种植小棉花。因为小棉花植株小,结的棉铃较多,采摘棉花极为方便。布依族种植小棉花的历史悠久,源远流长。小棉花最大的优点是保暖性较强,纤维弹性较好,纺出的纱线细而均匀,织出的布平整而细腻,皱褶度极小,下坠感极佳,做成的衣服穿起舒适、暖和、靓丽、大方,做出的各种工艺品更是美丽又芬芳,古香古色。

每年农历的七月份收完棉花后,都要将棉花晒干,除籽,弹成棉絮,搓成棉条,用棉条在纺车上纺成棉纱。根据不同用途又将棉纱浸洗漂白(做鞋底用的必须漂白),再用白芨上浆定形防虫防腐。又将棉线导在大小的竹筒上,大筒上的线是作为织布的经线,小筒上的线作为织布的纬线。根据各人对布匹的不同需要、织布机的构造特点和布扣的长短等选择经纱的不同长度、宽度和花纹。布幅的宽度有九寸宽的、有一尺二宽的、一尺五宽的,传统的宽度为一尺二寸。长度因各人所需而有长有短。根据布纹的种类与厚薄分为平板布和斜纹布(布依话叫:bangzwaaisxiul）两种；根据用途和颜色的不同分为白布、黑布、米粒布、花椒布、格子花布和条纹布等。不同土布的颜色和种类有不同的用途，白布多数是老人过世时用的尸布、孝衣孝帕和做鞋底，黑布、米粒布、花椒布大多数是做服饰用的，少数黑布是做被套或枕套用的，格子花布和条纹布多数是制作嫁妆的床上用品以及头帕等，这些不同颜色的土布在不同的地方有不同的用途，也具有不同的特征和意义。

　　望谟布依族的服饰文化多姿多彩，琳琅满目，独特而靓丽。主要包括头帕、衣服、围腰、裤子、裙子、鞋子、袜子和花包。服饰制作的每一个过程都非常精细而复杂，丝毫不能马虎，它与纺织文化有着紧密的联系。从种植棉花到布匹的形成，又从布匹的裁剪到服饰的形成都是一系列的传统工艺，同时也充分体现了望谟布依族纺织文化深厚的底蕴和布依族裁缝师傅的技能和技巧，重要的是真切体现出望谟布依族人民的气质美、线条美和精神美。服饰制作的流程有长有短，而且都是精细的手工制作。因望谟布依族支系不同而服饰种类也有所不同，主要分为望谟服饰、长田服饰、西北角服饰和桑郎服饰。最为独特的是长田布依族服饰，它们既有裤子又有裙子，裤子和裙子同时穿。日本的和服与它相似，日本有关人士曾经到望谟考察过，认为打易长田布依族服饰在古时候就流传到日本，但始终没有文字记载，可打易长田布依族服饰受到日本有关人士的特别关注。目前望谟布依族服饰已经形成了一定的市场，以布依族传统服饰加工为主的微型企业数以百计，并且不断地传承和发展。我们在今年"第二届国际山地旅游大会·中国望谟'三月三'布依族文化节'布依族纺织文化研讨会'"时制作了题为《蓝格梦幻·布依经纬——望谟布依族纺织文化专题片》在会上放映，深受省内外专家学者和各级领导好评。

　　刺绣文化多姿多彩，美不胜收，让你惊叹不已。望谟布依族刺绣种类主要有彩绣、扎绣、剪贴绣、挑绣、绰纱绣、锁绣、十字绣等。不同的种类有不同的绣法，不同的绣法有不同的美感。而且传统的布依族刺绣是从头绣到脚（婴儿帽、服饰和绣花鞋），从帽子到服饰、服饰到围腰、围腰到尖尖鞋以及床上用品、婴儿背带等都是美丽的绣品。刺绣的图案都体现了大自然的天上飞鸟、地下虫鱼、花草树木等动植物的形态特征和生活习性，还有古代陶瓷、栅栏、花钵等，龙飞凤舞，形象生动。这些刺绣不但体现了布依族人民的技能技巧和审美情趣，更是展示了大自然的美景以及布依族人民与大自然和谐相处的美好生活。特别是剪贴绣，它不但具有一定的历史性和特殊性，重要的是它还具有一定的启发性和跨国性。望谟桑郎布依族剪贴绣在当地是很有名气的，它独特的绣法与越南女人卢启珍有着密切的关系。卢启珍于光绪甲午年（1894年）七月二十一日在河口出生，家境不错，从小就学习女红，小学文化，曾经是越南女兵。1919年卢启珍认识了时任云南省山腰分住所巡长兼警备分队队长的桑郎人蒙锦山，他俩一见钟情，订了终身，结了婚。蒙锦山婚后不久便辞去了军职，夫妻回到望谟桑郎老家居住生活到终老。1983年卢启珍逝世，享年89岁。桑郎人习惯叫她越南女人（布依话叫：yahjeeul）。卢启珍把在越南学到的手艺与桑郎布依族土布和生产生活实际结合，形成了独特的剪贴绣，该绣法的独特之处是将彩绣和贴绣紧密结合起来，然后将一种装饰性的洋皮金镶在剪贴花的边缘，再用黑色的丝线锁紧。该绣品主要用于婴儿背带、婴儿帽、围腰和花鞋等。这些绣品十分漂亮、工艺复杂、图案丰富、绣艺精致、古色古香，深受省内外消费者的喜爱。每年的"三月三"布依族文化节，县里面都要组织大量的产品展示。但由于诸多因素而没有形成规范的企业生产，多为自产自销。

2. 建筑文化

布依族的建筑文化主要是吊脚楼和吊脚粮仓。吊脚楼的格式有两种，一种长 12 米、宽 8 米，分底层和上层。最底层斜坡架空，其面积只有 24 平方米。上层靠山一面扩宽 72 平方米后，使房屋总面积达 96 平方米。最基本的建筑分 4 行立房，每行用 11 根圆柱子，其中中柱高 5.6 米。另一种长 12 米、宽 10 米，建房面积有 120 平方米，每行用 13 根圆柱子，中柱高 5.93 米，不论是 11 柱、13 柱、15 柱、17 柱还是 19 柱，其两边排列的柱头依次递减 17 厘米。普通人家是立 9 柱或 11 柱，最有钱的人家立 19 柱，柱子都是单数。吊脚楼的结构独特、造型精巧、立体感较强，具有浓郁的布依族特色，它是望谟县布依族民居的传统建筑文化之一，现在将其申请作为少数民族村寨来保护，目前还在申请过程中。

3. 歌舞文化

歌舞文化主要是十八部古歌和《糠包舞》。古歌有《开场歌》《创造歌》《赞歌》《相逢歌》《房屋赞歌》《美貌赞歌》《探问歌》《信物歌》《嘱咐歌》《交友歌》《相思歌》《玩耍歌》《成家歌》《退婚歌》《成婚歌》《告状歌》《殉情歌》和《超度歌》。这些传统而经典的古歌由望谟县民族宗教事务局的王玉贵副局长用布依文记录、标注国际音标并翻译成汉语，该书拟由贵州民族出版社出版。全书约 3555 句，共 400 余页。同时该出版社正在编辑出版我们搜集整理和翻译的《望谟布依族情友歌》一书。布依族舞蹈最突出的是《糠包舞》，曾经获得第八届贵州省民运会金奖和第十届全国民运会金奖。还有已经流传了 300 年的望谟布依族耍麒麟表演也曾经荣获第七届贵州省民运会金奖和第九届全国民运会金奖。这些歌舞不但是望谟布依族的精神生活和传统体育竞技的重要组成部分，反映出望谟布依族人民的审美倾向，最重要的是体现了望谟布依族人民的高尚品德、传统而独特的生活与娱乐方式和布依族人民的幸福指数。多半以活动开展和文字记录的形式不断保护和传承，同时也宣传和弘扬望谟布依族的歌舞文化，使之走向全省、走向全国甚至走向全世界。

4. 祭祀文化

望谟祭祀文化种类繁多，内容丰富，共有两百多种，每一种都有不同的形式、不同的意义和不同的摩经。不同的形式还出现不同的鸡卦，不同的鸡卦又有不同的卦辞与解说词。这是布依人精神生活的重要组成部分，同时也体现出望谟布依族人民对摩文化的深刻认识和尊崇，因为坚信其具有特殊的教育价值而得以保护、传承和发展。2014年12月，由望谟县民族宗教事务局的王玉贵副局长整理和译注的《论皇经》，该书30多万字，主要是以布依文、国际音标注音和汉语直译与意译对照形式由贵州大学出版社正式出版，而且在2016年2月荣获第六届贵州省文艺奖中的民间文学类三等奖，同时被黔西南州民族博物馆和相邻的册亨县博物馆收藏，这是望谟县布依族摩经第一次荣获省级文艺奖，填补了历史空白，同时编辑出版《布依族摩经——"王母圣经"精华选编》，大大促进了望谟布依族传统文化特别是摩经更好的传承、发展和保护。特别是认真研究了布依族人文始祖"布洛陀"及"布洛陀文化体系"，并由王玉贵同志连续两次在贵州省布依学会组织召开的"布洛陀文化座谈会"上作重点交流介绍，不断加强了人们对布依族传统文化源流的认识。目前，还得到贵州省民宗委古籍办立项给王玉贵与笔者联合搜集整理和翻译的《望谟布依族解帮经集注》和《望谟布依族丧葬祭祀经集注》，项目资金已经下达并签订了项目实施协议。另外，中央民大的周国炎教授与望谟县的黄荣昌老同志联合搜集整理出版了《安王与祖王》和《望谟布依族话语集》，其他同志又根据县委、县政府的安排分别搜集整理和编辑出版了《布依族谚语俗语选》《布依族情歌选》等。

5. 饮食文化

饮食文化主要是传统的五色花米饭、褡裢粑、桐子叶粑、米花、麻果、酸辣椒炒虾巴虫、干板菜炖鸡、酸笋煮鱼、板陈糕、穗花蒸油鱼（失传）、薄荷猪肉、鸡藤羊肉等。望谟布依族的饮食品种繁多，色香味俱全，食材与药材共生共荣，美食与保健兼备，口感特别，让人流连忘返。2015年4月在举办首届望谟县布依族美食大赛之后，贵州省黔菜研究会即授予望谟县"民族美食文化之乡"牌子，更好地促进了望谟布依族饮食文化的保护、传承和发展。

6. 节日文化

望谟布依族每年一、三、四、五、六、七、八、九、十二月都有节日，就是春节（大年或过年）、三月三、四月八、端午节、六月六、七月半、八月半（中秋节）、新米节（秋收节），可谓节日众多、习俗复杂多样，自然形成了系统性的节日文化体系。特别是举办历年中国望谟"三月三"布依族文化节及其形式多样的、百姓大舞台式的民族文化展示展演来保护、传承和发展民族文化，全县12个乡镇和3个街道办事处共有近百个代表队和民族民间社会团体组队参加活动，场面盛大空前，老中青少皆有，影响与传承的面很广。同时成功将望谟布依族"三月三"这个传统节日申报为国家级非物质文化遗产保护名录，大大促进了相关的民族文化系统得到更好的保护、传承和发展。

7. 民族民间文学

通过搜集整理和翻译布依族民族民间故事来保护、传承和发展优秀的民族民间文学。贵州某出版社正在编辑出版笔者与望谟县民族和宗教事务局副局长、望谟县布依学会常务副会长兼秘书长王玉贵联合搜集整理和翻译的《望谟布依族民间传说精编》一书。

8. 民族传统文化进校园与双语双文教学

在全县范围内积极开展民族文化进校园工作，同时编写双语教材和开展布依—汉双语双文教学，不断促进布依族优秀传统文化与语言文字的保护、抢救、传承、发展与推广应用。此项工作，目前已经正式列入各级党委政府的重要议事日程，并形成红头文件下发，强力推动。

9. 州县人大代表与政协委员的呼吁推动

人大代表与政协委员积极撰写议案、提案呼吁保护、传承和发展民族文化。如同时为州和县政协委员的县民宗局副局长王玉贵，每年都要紧紧围绕民族文化的保护、传承与发展提出社情民意反映与提案，5年来累计已经提出10余份提案，得到了州县党委政府的高度重视。还建议将民族文化知识纳入各级党校和行政学院课堂教学，让各级党政领导干部正确认识民族文化的真正价值，让他们能够真正重视抢救、保护、研究、传承和发展民族文化的各方面工作。特别是建议利用大数据多媒体技术来抢救、保护、传承和发展民族文化，利用互联网来宣传推介民族文化；在易地移民搬迁中要迁出民族文化土壤、民族文化氛围和民族文化保护、传承与发展。黔西南州委、州人民政府正在具体落实中，已经形成了以布依族为主的《少数民族文化分类表》交给全州广大干部深入所有易地移民迁出地的家家户户全面调查了解，以便利用大数据来搬迁少数民族及其优秀传统文化。

10. 充分利用影视与互联网联合推动

望谟县在成功拍摄布依语电视剧《金龙练》（共12集）的基础上，笔者与王玉贵又创作了一部长达60集的布依族传统文化题材电视剧来保护、传承和发展民族文化节，并通过四川省众星文化传播公司及其儒家经济文化网面向世界开展宣传和推介。该剧目前正在创作中，但已在儒家经济文化网连载了1~14集的大纲。另外还通过中国儒经百川网网购平台推介布依族优秀的手工艺品，实现民族文化保护、传承与发展及经济效益双赢。

11. 校地结合搞民族文化研究与挖掘整理

积极与中央民族大学合作，将望谟县作为"中央民族大学少数民族语言文学系教学实习基地"亦作为"贵州民族大学美术学院教学实践基地",并同时进行了挂牌运作。

12. 由文化部门积极申报非遗名录保护

望谟布依族的传统文化,真切体现了望谟布依族人民的衣、食、住、行和与大自然和谐相处的美好生活,同时也体现了良好的民族自信心和高尚而独特的人生观和价值观,传承了审美观念,丰富了人们的精神生活,大大促进了民族文化的大发展大繁荣。目前已经有几项被列为国家级非物质文化遗产保护名录,有50多项被列为省级非物质文化遗产保护名录,有100余项被列为州非物质文化保护名录,县级保护的就更多,全县人民和相关部门正在不断的努力申报提升非物质遗产保护级别,同时也不断加强非物质文化遗产保护,主要是不断加强民族特色村寨和少数民族传统村落的保护与恢复重建工作。

13. 机关单位资助推动

近年来,以县民宗局为主的县直机关单位及省、州驻县单位都在想方设法挤出奖金资助全县各少数民族村寨在春节期间开展民族民间民族文化展示展演活动及传统体育竞技比赛活动等等,以此来不断地抢救、保护、传承和发展布依族等少数民族传统文化。

二、取得的经验

纵观望谟县以及黔西南州在抢救、保护、挖掘、整理、传承与发展布依族传统文化的一系列做法与取得的成效,我们认为主要有以下几点经验和感受。

一是群众自古以来对本民族的传统文化具有天生情结、深厚感情、高度自觉和无比自豪,并富有奉献精神。二是绝大多数老年人始终如一把民族文化视如生命一样重要并身体力行去保护、传承和发展。三是社会各界有识之士自觉自愿呼吁抢救、保护、传承和发展布依族优秀传统文化并无私地去组织或积极参与开展相关的活动及工作。四是成立了各级布依学会并积极开展相关的抢救、保护、传承与发展工作。五是各级党委、人大、政府和政协的主要领导都比较重视布依族优秀传统文化的抢救、保护、传承与发展工作，并努力由同级财政尽量投入资金，确保必要的工作能够开展。六是邀请或热情接待各级各类民族大学及相关院校师生来望谟调查了解和挖掘布依族传统文化，并开展相关的研究工作，不断促进社会各界对布依族优秀传统文化加深认识。七是省、州民宗委同时把望谟县作为布依族民族古籍搜集整理重点县并每年给予项目支持，大大促进了全县布依族古籍的抢救、保护、传承和发展。八是每年举办"三月三"布依族文化节和民族歌王大赛，大大促进以歌舞为主的各种布依族传统文化的抢救、保护、传承和发展。九是当地党委政府把易地移民作为脱贫攻坚的重要举措，但始终确保人与文化、文化与人同时迁入或迁出，确保民族文化血脉不断裂。十是在望谟县内、兴义市与义龙新区等重要的少数民族迁出与迁入地内均划定区域进行"中国布依城"建设，实现民族文化抢救、保护、传承、发展和文化产业化与旅游业互动及和谐发展。

三、存在的问题与今后工作建议

一是党政部分领导与群众对民族文化的内容、形式、价值与作用认识依然没有完全统一，有些领导甚至认为开展少数民族节日活动是"见鬼"的活动，表示不喜欢和非常担心出现群体性事故。二是没有建立专门的民族文化研究机构。三是党委政府与少数民族群众对抢救、保护、传承与发展少数民族文化的途径、办法、措施等没有完全统一，有时分歧还很明显，变味的现象时有发生。四是有些党政领导干部还喜欢给民族文化扣上封建迷信的帽子并表示反对。五是缺乏专项资金投入，有些活动经费只能靠社会捐助和企业扶持才能开展。六是校地结合刚刚起步，任重而道远。七是经济压力太大让很多年轻人无暇顾及甚至不愿意传承和发展民族文化。八是缺乏传承与发展民族文化的大舞台和大赛场。九是民族文化传承与发展存在断层与断代现象。十是民族文化进校园工作的开展氛围依然不够浓，仍然处于少数师生的兴趣圈里，没有形成每个少数民族师生的人生、社会与民族责任感，等等。

  基于以上的认识与存在的问题，我们已经通过政协委员提案和在相关会议上向党委组织部门建议，将民族文化知识纳入各级党校和行政学院的重要教学内容，以让各级党委政府主要领导从思想上理清对民族文化的认识，真正认识到民族文化的价值与作用，真正重视民族文化的抢救、保护、研究、传承与发展工作，在他们为官时能够真正重视、支持甚至能够身体力行参与民族文化的抢救、保护、传承与发展的各项工作，这样才能真正有希望在坚持去表存里、去伪存真、去粗取精、取其精华、弃其糟粕、继承与发展一脉相承地实现我们民族文化的大繁荣大发展，也才能最后实现文化兴国的宏伟目标。

论贞丰县布依族非物质文化遗产的传承与保护

毛天松

贞丰县位于贵州省西南部，隶属黔西南布依族苗族自治州。贞丰秦属夜郎，汉属牂牁、同亭两郡，唐属明州，清朝初年设永丰州，嘉庆年间（公元 1797 年）改名贞丰州，1913 年改为贞丰县至今。全县总面积 1 511 平方公里，辖 9 镇 3 乡 2 个街道办，总人口 42 万。其中布依族、苗族等少数民族人口占总人口的 49%。

一、贞丰县布依族非物质文化遗产资源丰富，民族风情浓郁

贞丰的历史文化悠久厚重，内容丰富多彩，民族风情古朴浓郁。有传承久远的布依族纺纱织布、靛染蜡染；有绚丽多彩的布依族服饰，织锦、挑花、刺绣银饰；有布依族古歌古乐；有独具特色的布依族婚丧嫁娶习俗；有古朴神秘的布依族"三月三"、风情独特的布依族"六月六"等民族传统节日；有风味独特的布依族五色糯米饭、粽粑、糕粑、糍粑等民族特色食品；有布依族三道拦路酒、布依族小打音乐、勒尤、勒浪、箫笛、唢呐、长号，以及原汁原味的布依族纺织舞、铜鼓舞、刷把舞；有布依族舞龙、舞狮，以及布依族摩经、布依族棍术；有被誉为"铜鼓音乐活化石"的布依族铜鼓十二调，有被誉为"露天民族博物馆"的布依族古寨等。2002 年岩鱼布依族古寨被世界旅游专家评为

"省级民族文化旅游村寨"，2009年12月，贞丰县被贵州省民族文化学会授予"贵州省民族文化保护传承建设示范基地"称号。2014年5月者相镇纳孔村入选"首批中国少数民族特色村寨"挂牌名录。贞丰县悠久的历史、深厚的人文底蕴、优越的地理位置和得天独厚的自然条件，孕育了丰富的非物质文化遗产资源。

二、贞丰县非物质文化遗产保护工作取得的成效

自2005年以来，贞丰县十分重视非物质文化遗产保护工作，认真贯彻落实《国务院关于加强文化遗产保护的通知》和《国务院办公厅关于加强我国非物质文化遗产保护工作的意见》，坚持"保护为主、抢救第一、合理利用、传承发展"的非物质文化遗产保护工作方针，按照"政府指导、社会参与、统筹规划、分步实施"的方法，采取有效措施，加强对非物质文化遗产的挖掘、整理、申报、保护、传承和开发利用，促进了全县民族文化事业的大繁荣大发展。

为了摸清全县"非遗家底"，贞丰县文体广电旅游局积极组织广大文化工作者通过田野调查、走访座谈等形式，对县域民族民间文化遗产进行全面调查，了解和掌握全县非物质文化遗产资源的种类、数量、分布状况，挖掘出了一批社会影响力大、文化价值高、濒临灭绝的非物质文化遗产项目，采取"边普查、边申报、边保护"的工作方式，通过"三轮驱动"推动，达到"普查一批，申报一批，保护一批"的目的，并取得了一定的成绩。截至目前，贞丰县已被列为国家级非物质文化遗产代表性名录的有："布依族铜鼓十二调""布依族勒尤""布依族'三月三'""布依族服饰"等5个项目；被列为贵州省省级非物质文化遗产代表性名录的有："布依族'六月六'""布依族蓝靛染工艺""布依族鸟笼制""布依族高台狮灯""布依族棍术""布依族勒浪""布依族'谷温'（古歌）""布依族婚俗""布依族婚俗音

乐""布依族丧葬礼俗""布依族摩经""布依族糯食制作技艺"等 16 个项目；被列入黔西南州州级名录的有："布依族花灯""布依族婚嫁歌""布依族'浪哨'""布依族鸟笼"等 35 项；被列为县级非物质文化遗产名录的有："布依族八音古乐""小屯陈氏花灯""布依族小打音乐""布依族四弦胡""布依族刺绣""布依族银饰制作技艺""布依族木雕""布依族酒歌""布依族童谣""布依族草药"等 68 个项目。现有国家级代表性传承人 2 人，省级代表性传承人 10 人，州级代表性传承人 34 人，县级代表性传承人 42 人。已初步建立了国家级、省级、州级、县级四级非物质文化遗产名录、传承人体系。2010 年贞丰县被贵州省文化厅授予"贵州省非物质文化遗产普查工作先进集体"称号。

2011 年、2014 年，贞丰县"布依族'三月三'节日民俗文化"被贵州省文化厅命名为 2011—2013 年度、2014—2016 年度"贵州省民间文化艺术之乡"；2014 年，贞丰县布依族"铜鼓音乐文化"被文化部命名为 2014—2016 年度"中国民间文化艺术之乡"。

三、贞丰县非物质文化遗产的保护、传承与创新

（一）加强领导，提高认识

（1）贞丰县委、县政府高度重视非物质文化遗产保护工作，并将其纳入县委、县政府的议事日程，写进党委政府工作报告，列入年度工作加以落实。

（2）成立了非物质文化遗产保护办公室。配置了电脑、录音笔、数码相机等办公设备，办公室设在县文广局，负责具体日常工作。同时，成立贞丰县非物质文化遗产评审委员会，负责县级保护名录项目的评审、申报工作。2010 年按照县文体广电旅游局的"三定方案"，经县人事局、县编办等上级有关部门审批，2011 年成立了"贞丰县非物质文化遗产保护管理中心"，中心编

制 3 人，具体负责全县非物质文化遗产保护与管理。

（3）加大经费投入，确保工作顺利开展。2005 年以来，全县用于非物质文化遗产普查、保护、传承等的经费达 60 多万元。

（二）开展民族传统节日文化活动，创新民族文化品牌

贞丰县以节日活动为载体，积极利用和开发丰富的少数民族传统节日资源，广泛开展文化娱乐和节日活动，不断创新和丰富民族传统节日活动的内容及形式，突出地方性，保持民族性，体现时代性，使之与当代社会相适应、与现代文明相协调，推动少数民族传统节日的保护与传承。2003 年，贞丰县政府将"六月六"布依族歌节活动正式冠名为"贵州·贞丰'六月六'布依族风情节"，并一年一度延续举办。自 2009 年以来，又延续举办了一年一度的布依族"三月三"祭山节等系列民族节庆文化活动。2014 年在"贞丰'六月六'布依族风情节"期间，举行"千人演唱布依族古歌""布依族歌王争霸赛""千人布依族舞蹈"等活动。如今，这三大节日已成为贞丰县乃至黔西南州、贵州省的一张极具影响力的民族文化品牌和旅游文化名片。目前，正在申报这三大节为"中国品牌节庆示范基地"。

（三）举办布依族古歌古乐大赛，守望民族文化记忆

布依古歌不管是演唱，还是用木叶、二胡、勒尤、月琴等演奏，每一首都有相应的意义。在"浪哨"活动中，布依族青年常以歌代言、对歌叙话，含蓄地表达对恋人的爱慕之情。其中用布依语演唱的"谷温"调，是布依族历经千年的古歌音调，旋律古朴简约、委婉动听，是最具布依族音乐特点的古老音调。但随着经济文化的发展变迁，传统的布依族习俗发生了改变，布依族古歌失去了自己生存的土壤而濒临灭绝。为了更好地保护、传承和发展布依古歌文化，2007 年至 2015 年每两年一届，在县城、布依族聚居的布依族村寨举办以"保护布依文化，传承布依文化，

发展布依文化"为主题的布依族古歌、器乐大赛活动，评选出"歌王""歌后"进行奖励，将民族民间文化活动推上了一个又一个新的台阶。

（四）开展民族传统文化进校园进课堂活动，感知民族文化魅力

为推动贞丰民族文化大发展大繁荣，围绕"弘扬民族文化，守护精神家园"非物质文化遗产保护的主题，本着非物质文化遗产保护"从儿童抓起"的理念。自 2009 年以来，贞丰县在省州民族文化工作部门的大力支持下，积极开展了民族文化进校园活动，把布依八音坐唱、民族刺绣、布依族古歌、小打音乐、民族舞蹈、踩高跷、打陀螺等一大批少数民族传统文化和传统体育项目进入中小学校园。在教与学的过程中，使学生亲身感受民族传统文化的独特魅力，激发广大师生学习和继承优秀传统文化的热情和积极性，营造人人知晓"非物质文化遗产"、人人热爱"非物质文化遗产"、人人学习传承"非物质文化遗产"的浓厚氛围，增强学生热爱家乡的自豪感，唤起学生保护文化遗产的意识，丰富校园文化内涵。

（五）促进民族文化与旅游的融合，推动民族文化的发展

文化和旅游的融合发展不失为一条加快民族文化遗产的保护和利用之路。近年来，贞丰县把发展民族文化旅游产业作为实现可持续发展的重要产业来培育，从贞丰旅游资源禀赋出发，以"游贞丰山水、赏布依风情"为主题，以喀斯特奇峰景观——双乳峰为主体，着力宣传推介"母亲文化、黄金文化、布依文化"三张名片。在景区内搭建了可以容纳 5 000 人的布依歌舞广场，设立土特产超市、民间生活用具展馆、银匠铺、铁匠铺、民族服饰馆、民间文物馆、国家级省级非物质文化遗产展演馆等，把旅游产业培育成"保护一方山水，传承一方文化，促进一方经济，造福一方百姓，推动一方发展"的惠民富民产业，有效保护和合

理利用民族文化资源，推动民族文化的发展。

（六）扶持民族民间手工艺生产示范基地建设，做好民族文化的利用

为进一步推动民族民间工艺的保护传承和发展，合理开发和利用民族民间工艺文化遗产资源。贞丰县积极扶持布依族蓝靛染工艺、布依族挑花刺绣、苗族银饰制作等民族手工作坊建设。以生产、流通、销售等方式，将民族民间文化遗产及其资源转化为生产力和产品，产生经济效益，并促进相关产业发展，使民族民间文化遗产在生产实践中得到有效保护，实现民族民间文化遗产保护与经济社会协调发展的良性互动，并鼓励采取"公司+农户"或"合作社+农户"模式扩大生产规模、扩大传承面，使布依族群众在保护自己民族文化的同时，得到经济收入上的实惠，为带动民族村寨经济发展发挥了积极的作用。

（七）开展民族文化理论研究，弘扬民族文化精髓

贞丰县相继成立了县布依学会、县苗学会等民间组织，承担民族文化活动的组织和开展。创办了《北盘江》《贞丰布依》等刊物宣传布依族文化，出版《金都艺苑》《圣地贞丰》《盘江风韵》等旅游宣传书刊；举办了"双乳峰"歌词征集活动，开展了多种形式的少数民族文艺会演活动；举办布依文化论坛、旅游发展论坛等研讨会，将专家学者、新闻媒体请进来，通过专家、媒体的视角观察，广泛宣传贞丰布依风情文化，取得了较好的成效。

四、制约贞丰县非物质文化遗产发展的原因及存在的问题

制约贞丰县非物质文化遗产发展的原因主要有以下几个方面：一是大环境对传统文化的强烈冲击，使得许多非物质文化遗产面临生存危机。比如：人们书写的主要工具不再是毛笔，书写材料不再是白绵纸，导致白绵纸的适用范围缩小，功用减弱；娱

乐方式的改变，导致布依族铜鼓文化仅存于丧葬礼俗中。二是现代工业的发展，导致布依族靛染、服饰等非物质文化遗产的载体——使用人群急剧减少。三是民族融合，致使一些民族传统节日、人生礼俗逐渐被人们遗忘。四是人际交往扩大，生活环境迁移、人群不断分散等，导致传统婚俗方式的改变，曾经壮观的布依族"浪哨"场景成为历史记忆；布依族勒尤、布依族婚俗音乐等也"渐听渐远"。五是经济发展与文化发展不平衡，为摆脱贫困生活状况，年青人纷纷外出务工，许多非物质文化遗产失去传承支撑，比如许多布依族姑娘不懂纺纱织布、挑花刺绣，小伙子不会吹奏、制作勒尤。六是汉语教育的普及，导致少数民族语言的使用范围收缩和人群减少。如布依族小孩听不懂也不会说自己的母语——布依语等。

五、下一步的思考和对策

贞丰县在非物质文化遗产保护工作方面，虽然取得了一定成绩，但也存在着一些不容忽视的问题：一是在发展经济的同时，非物质文化遗产生存的文化生态环境遭到破坏，急需实施文化生态抢救和保护工程。二是保护经费困难，实施保护困难多。三是全民文化遗产保护意识还有待提高。四是保护机制有待加强和完善。为切实推进贞丰县非物质文化遗产保护工作，着重从以下几个方面着手。

（一）建立"政府主导、社会参与、职责明确、运转协调"的工作机制

充分调动社会各方面的积极性，鼓励、吸收社会力量广泛参与，加强对非物质文化遗产的搜集整理与抢救，充分利用科研成果和现代技术。采取有效措施，抓紧征集具有历史、文化和科学价值的非物质文化遗产实物和资料，积极推动县非物质文化遗产保护抢救手段和工作方式的创新。

（二）加大人才培养力度，加强队伍建设

分批培训专业人员和管理人员，注重培养一批懂专业、善组织、有事业心和奉献精神的复合型人才，建立一支素质较高的保护抢救工作专业队伍。

（三）保护传承人，防止"人亡艺绝"

非物质文化遗产是一种"活文化"，要切实加强对传承人的保护。通过宣传活动，举办展览、培训，为传承人开展传承活动创造有利条件。进一步增强全社会尊重传承人的意识，促进传承人开展传习活动，把非物质文化遗产保护和传承工作向纵深推进。

（四）加强宣传工作，营造良好的社会氛围

充分利用报刊、广播电视、互联网等各种媒体，采用各种方式，加强对贞丰县非物质文化遗产保护工程的宣传工作，普及非物质文化遗产保护知识，增强全社会的非物质文化遗产保护意识，同时争取民间资金的投入，保证全县非物质文化遗产保护工作的全面开展并取得成效。

（五）处理好保护和发展的关系

对文化遗产丰富且传统文化生态保持较完整的区域，有计划地进行整体性保护。结合旅游合理规划利用，促进文化产业的发展，充分发挥其社会效益和经济效益。

总之，非物质文化遗产保护工作是一项全新的工作和重要课题。布依族非物质文化遗产的内容博大精深，蕴含着丰富的智慧、情感和精神，这是构建民族和谐社会的宝贵人文资源。保护和发展布依族民族文化，我们还面临着保护经费投入、人才队伍建设等诸多因素和问题。贞丰县在挖掘整理布依族优秀民族文化遗产时，开展布依族传统节日文化活动，举办布依族古歌古乐比赛，开展民族文化进校园活动，促进民族文化与旅游的融合发展,推动民族民间手工艺生产发挥示范作用,开展民族文化理论研究和民族文化宣传活动等方面做了大量的工作,并取得一定的成效。但布依族非物质文化遗产保护和发展工作任重道远,还需付出艰辛的努力。

论关岭县布依族传统文化的传承与保护

——贵州省关岭布依族苗族自治县非物质文化遗产保护传承交流材料

关岭县布依学会

关岭布依族苗族自治县位于贵州省中部,隶属贵州省安顺市。关岭是关索岭之简称。相传三国时关羽之子关索,随诸葛亮南征孟获曾屯兵于此,县以岭为名。

关岭全县总人口38.5万人,县内居住着汉族、布依族、苗族、仡佬族、彝族等33个民族。布依族是关岭的世居民族,约有10万人,占全县总人口的26%。关岭勤劳、智慧的布依族人民在长期的生产生活中,创造了多姿多彩的地域文化和民族文化,是中华民族文化艺术宝库中的珍贵遗产。"关岭布依族服饰""布依盘江小调"等众多优秀文化被列入国家级、省级、市级、县级非物质文化遗产保护项目名录。

一、关岭布依族传统文化的现状

关岭布依族传统文化的挖掘、保护、传承及开发、利用,虽取得了一些成绩,但是,随着工业化、城镇化及经济全球化、观念趋同化等诸多因素的影响,宝贵的布依族传统文化面临着濒危、同化等问题。

（一）布依族母语危机日益加剧

新中国成立以来，特别是改革开放以来，由于经济结构的转型、生产方式的转变，对外交流的深入等原因，打破了布依族地区自给自足的经济模式。各民族经济文化交流和碰撞频繁，母语危机日益加剧。布依语言作为交际工具和最重要的文化传承载体，功能逐渐弱化。县城、集镇周边、公路沿线的村寨青少年不学、不说布依话，只有上了年纪的老年人会讲。但是，老人与青少年的交流很少用布依语，使青少年失去了学习、使用布依语的语言环境。布依语的使用率下降，呈十分惊人的态势。

（二）布依族传统文化，呈现消失的趋势

随着经济结构的转型，大量布依族地区青壮年外出打工，许多汉族等其他民族群众涌入布依族地区经商务工等，布依族同胞享受到现代化带来的便利，生产生活水平得到了极大的改善。受经济全球化和主流文化的强势冲击，民族文化被忽视和日益边缘化。布依族同胞对本民族文化的认识淡化，传统的节日文化、服饰文化、民族民间文艺等逐渐消失，如不会做、不穿布依服饰，不过布依传统节日，不唱布依山歌、不跳布依舞蹈等。只是婚丧嫁娶和重大节日中被动为之，缺乏保护传承本民族文化的主动性和积极性。使许多优秀的布依传统文化得不到很好的传承。另外，布依文化传承面临断代危机，由于布依族古百越文字的断承，致使布依族失去自己的文字，许多民间传统技艺、典故、古歌等都是口传身授的，传播渠道狭窄，普及使用率不高，很多布依人不具备传承能力，文化传承人大多年事已高，出现"民间文化传承人每分钟都在逝去，民间文化每一分钟都在消失的现象"。

二、关岭布依族传统文化的保护传承和开发利用情况

关岭县历届县委、县政府高度重视民族传统文化的保护和传

承。为更好地挖掘、保护、传承优秀传统文化，专门成立了非物质文化遗产保护和传承工作领导机构，组织专门人员开展非物质文化遗产的挖掘、收集、整理、研究、申报和宣传等工作。近年来，累计整合资金近700万元，努力抢救布依族等优秀民族传统文化。其中："布依族服饰"被列入国家级非物质文化遗产保护项目名录；"布依盘江小调""布依族吹打乐""姊妹箫""布依族土布制作""布依族织锦""本城布依竹筒歌""布依族摩经""布依族铜鼓舞"等8项被列入省级非物质文化遗产保护项目名录；"断桥瀍陵河鱼""断桥胡辣子""六月六布依风情节""布依长号"等21项被列入市、县级非物质文化保护项目名录。

主要做法是：

（一）积极开展民族传统文化进校园

从学生开始培养其对民族传统文化的传承是一条行之有效的途径。自2005年以来，在县民族高级中学、县寄宿制中学、县一中及各乡镇中小学、教学点等20余个点，聘请传统文化传承人和民间艺人到学校开展布依族蜡染、刺绣、布依古歌、布依盘江小调、姊妹箫等内容的传承教学。支持各中小学举办校园艺术节和各种民间文艺和技艺比赛活动，把优秀的布依文化搬上舞台和引进课堂，逐渐把优秀民族传统传承由自然引向自觉，由家庭引向学校，由分散引向集中。让学生在校园中学习、传承布依族优秀的传统文化，增强学生学习本民族优秀传统文化的自觉性，树立他们传承和运用本民族文化的自信心。同时，在布依族聚居地区的中小学和县高级民族中学开展双语教学，积极引导学生在学习生活中使用、传承布依语言。

（二）充分利用布依传统节日，展示传播传统文化

关岭布依族节日众多，节日文化丰富，是展示弘扬布依优秀传统文化的舞台。每年"六月六""二月二""三月三""四月

八""春节"等节日都要举办"布依服饰展演""布依绣娘""布依山歌""布依古歌"及"布依盘江小调"比赛等。在这些节日里，全县各地布依族同胞都要选出最好的服饰、最好的绣娘、最好的歌舞曲艺参加比赛和演出，使许多优秀的布依传统文化走出"深闺"，展现在世人面前，营造了良好的宣传保护及传承氛围。

（三）充分挖掘、利用传统文化传承人，建立非物质文化遗产代表性传承基地

文化传承人是优秀民族民间文化的创造者、继承者和传播者，更是优秀民族民间文化的活态载体。近年来，关岭积极整合"三区"人才支持传统文化工作者专项资金、少数民族发展基金等项目，聘请文化传承人、民间艺人，在中小学、布依村寨等地建立了"布依族服饰""布依盘江小调""布依竹筒歌""姊妹箫""布依族织锦"等20余个非物质文化代表性传承基地，开发了"布依族服饰""布依族织锦"等产品，走出深山，成为人们喜爱的旅游产品，远销国内外，增加了当地群众的收入，促进了当地经济的发展。同时，使许多濒临消失的民族民间文化得到保护、传承和开发利用。关岭布依族《摩经》译注丛书第一卷，已由中央编译出版社出版。《关岭布依族服饰》为非物质文化遗产丛书分册，已由贵州人民出版社出版。

（四）自编乡土教材，制定教学方案

为使民族民间传统文化传承标准化、规范化，吸收民族民间文化中的精华，并在教育教学中得到创新，组织了全县文化传承人、文化学者、民间艺人等各方面的人才，集中、统一编写制作了《布依族竹筒歌》《布依族土布制作》《布依族织锦》《布依族古歌》等乡土教材。并纳入学校课程教学规划有序推进。并根据年龄、性别、爱好等不同，举办不同兴趣班加强培训。如在断桥镇中心小学举办"布依竹筒歌""姊妹箫"兴趣班，在岗乌镇中学、永宁中学举办了"布依盘江小调"培训班等。使许多本民族

学生逐渐喜欢并参与进来，自觉成为本民族文化的传承人。

三、关岭布依传统文化在传承和保护工作中存在的问题

（一）本民族同胞对本民族文化自觉和认同感缺失

由于主流文化带来了生产生活上的改善，促进了布依族地区经济社会的发展，使关岭布依族人民产生对本民族文化的质疑，逐渐丧失对本民族文化的自觉性、自信心和认同感。使许多布依族同胞在生产生活中不说甚至羞于说布依话，不穿布依服饰，不唱布依歌，不跳布依舞，缺乏保护传承本民族文化的主动性和积极性，缺乏保护传承本民族文化的自尊心和自豪感。

（二）人才匮乏，资金不足

虽然成立了专门的保护传承机构，聘请了文化传承人和民间艺人，培训了部分教师，但是，布依传统文化丰富，保护传承工作量大，远远不能满足工作的需要，使部分急需开展保护传承的项目进展缓慢，有的停滞不前。民族文化传承人、民间艺人年龄结构偏大，文化结构普遍偏低，理论知识缺乏，给传承工作带来很大的困难。另外，保护传承经费不足，制约了工作的顺利开展。关岭的民族文化保护传承工作，近年来，整合中央省、市、县级民族、文化等部门资金，取得了一定的成绩。但是，保护和传承需要大量的人力和物力深入民间调研，要培养大量的师资力量。文化传承人、民间艺人无固定收入，需要一定的补助等，由于县级财政困难等原因，所需资源缺口大，不能满足正常工作开展的需要。

（三）保护传承工作有待加强，效果不理想

虽然在相应的中小学、村寨，开展了民族传统文化进校园和建立非物质文化遗产传承示范基地等为载体的保护传承工作。但是部分学校是利用课余时间授课，部分学校、老师对非物质文化

遗产保护传承认识不到位，有时挤占了授课时间，影响了工作的正常开展，使学生无法接受系统的学习，很多学生失去了兴趣。文化传承人和民间艺人报酬低，无固定的收入，还要养家糊口，农忙时不能正常授课，有的外出打工等，影响了保护传承工作的顺利开展。

（四）非物质文化遗产保护传承和开发利用结合不好，产学分开

关岭"布依族服饰""布依族织锦""布依土布"等布依纺织品色彩鲜艳，做工精细，款式独特，承载文化底蕴厚重，深受消费者的喜爱，销往国内外，但是由于掌握生产制作技艺的人少，产量低等原因，不能形成产业，未成规模开发成特色产品。"布依盘江小调""布依族吹打乐"等民族民间文艺曲调悠扬，悦耳动听，但是没有系统地推广、普及、提炼，打造成精品文艺节目进行推介，没有反映关岭布依族多姿多彩的地域文化和民族文化，没有形成宣传布依文化和布依族地区优美风光的载体，只是在本民族同胞中自娱自乐。

四、布依传统文化保护和传承的思考

（一）加强对布依族同胞的文化自觉、文化自信的培养，增强本民族文化的认同感

本民族同胞是本民族文化传承的主体，布依族文化只有得到布依族同胞的高度认同，并从内心深处感觉出本民族文化的重要性，自觉地采取行动加以保护和传承。因此，在各级党委、政府的支持下，布依学研究会等组织要多渠道、全方位开展形式多样的宣传教育活动。让他们积极参与其中，培养布依族同胞的高度民族认同感，使其意识到保护本民族文化是一种责任和义务，文化传承才能生生不息。

（二）进一步抓好民族传统文化进校园，高规格举办民族传统节日等活动

丰富民族传统文化进校园教学内容，积极争取各级政府的大力支持，高规格、高水平地举办"三月三""六月六"等布依族传统节日，使之成为保护和传承优秀民族文化的平台和载体，积极营造良好的宣传弘扬传承氛围。吸引青少年特别是本民族青少年参与进来，激发他们对本民族优秀传统文化的热爱，增强民族自豪感，让他们自觉参与到保护和传承工作中来，文化传承才能后继有人。

（三）加大资金投入力度，加强保护和传承人才队伍建设

积极争取中央、省、市的大力支持，整合各部门和社会各界的力量，加大对民族传统文化保护传承的资金投入，多渠道挖掘、培养、保护传承人才，特别是文化传承人、民间艺人。同时，提高他们的补助标准，使他们无后顾之忧，专心于本民族文化研究保护和传承工作。

（四）把非物质文化遗产列入职业教育的专业设置，促进产学结合，有利于保护、传承、开发利用

把"布依族服饰""布依族土布制作""布依族织锦"等作为各级职业技术学校的民族民间工艺专业设置，让学生学习、掌握生产技术，为学生创造创业和就业的机会，使保护传承与开发利用有机结合，相互促进，把资源优势转化成经济优势，推动民族地区经济的发展。把"布依盘江小调""布依族吹打乐""布依族铜鼓舞""布依山歌"等列为民族民间文艺专业设置，让师生在教学中保护、传承的基础上加以提炼、升华。结合现代声、光、电等高科技技术，打造高质量、高品位的民族特色文化产品，推向市场，推向社会，提高本民族、本地区的知名度和美誉度，推动民族文化产业大发展、大繁荣。

论惠水县布依族非物质文化遗产的普查传承和保护

罗永国

惠水布依族跟全国布依族一样，其民族文化丰富多彩而厚重。但随着历史不断前进，社会的不断发展与进步，许多民族文化也不断濒临消失和遗忘，亟待挖掘和拯救。以下我重点介绍目前惠水县布依族的非物质文化的传承与保护的状况。

非物质文化遗产是民族精神文化的重要标志，内含着民族特有的思维方式、想象力和文化意识，承载着一个民族和族群文化生命的密码，体现一个民族或族群文化身份和文化主权的基本依据。同时非物质文化遗产也是一种包含了更多随时代迁延而容易湮灭的文化记忆，随着科技信息技术的迅猛发展和经济全球化的加快，会逐渐形成强势文化对弱势文化的侵蚀，从而导致许多民族的本土传统文化发生急剧消亡和流变，也会使不同生存价值观被忽略。因此，非物质文化遗产的传承、保护和发展工作在当前全球化的背景下尤为重要。

一、基本概况

惠水县位于贵州省中南部，全县总面积 2470 平方公里，县城距省城贵阳市 48 公里，距州府都匀市 157 公里。1952 年 10 月，成立惠水彝族苗族自治区，成为省内第一个少数民族区域自治县。1958年11月至1963年9月曾隶属贵阳市,之后改隶黔南布依族苗族自治州。惠水县辖8镇2办事处,全县人口46万人,居住汉、布依、苗、毛南、壮、回等17个世居民族,少数民族占全县总人口的59%,其中布依族占总人口的35%,惠水县区位优越、气候宜人、交通便利、物产丰富。惠水是布依族民歌《好花红》的故乡,布依族民间文学、民间艺术、民间工艺和民风民俗较为丰富,同时绵延数千年的农耕文化历史和多元的民族文化生态积淀了丰富的非物质文化资源。

二、非物质文化遗产的传承保护工作

首先是政府重视,部门实施。长期以来,惠水县委、县政府对民族传统文化较为重视,早在20世纪80年代就成立了惠水县民族民间文化保护领导小组,收集整理出版了《民间舞蹈》《民间故事》《民间歌谣》等三套集成,为普查工作提供了第一手历史文献资料。2005年,为认真贯彻落实《国务院办公厅关于加强我国非物质文化遗产保护工作意见》(国办发〔2005〕18号),更好地挖掘、保护、弘扬和传承惠水县布依族优秀非物质文化遗产,先后制定了《惠水县非物质文化遗产普查工作实施方案》、编写了《惠水县非物质文化遗产普查提纲》,成立了由县人民政府牵头,由文广、发改、财政、教育、民委、布依学会等部门领导组成的非物质文化遗产普查领导小组,下设相应的普查工作队。其次是加大普查力度,扎实工作。广泛宣传非物质文化遗产保护传承的重要意义,通过举办"好花红"艺术节和民间艺术展演以及民间工艺制作比赛等活动,扩大非遗保护传承的影响,争取得到更多人的重视和支持。同时在开展普查工作中,坚持全面性、代表性、真实性相结合的原则,坚持濒危项目、濒危艺人优先的原则,坚持技艺和实物(作品)相结合的原则和坚持用文字、图表、摄影、摄像等全面记录的原则。工作实践中做到资料来源清楚、内容真实、数据可靠，特别是要重视老文化工作者调查收集的资料和老艺人保留下来的珍贵文献资料，如我们收到的文献抄本《布依族民间故事》《布依族古歌和砍牛祭词》等，为传承保护工作打下坚实基础。

三、制定非遗传承保护措施

认真贯彻落实国务院有关保护非物质文化遗产文件精神，坚持"保护为主、抢救第一、合理利用、传承发展"的工作方针，健全和完善非物质文化遗产保护工作机制，充分挖掘惠水县丰厚的历史底蕴，梳理布依族非物质文化遗产的发展脉络，延续布依族文化生态的基因，发挥非物质文化遗产在传统文化教育和爱国主义教育中的重要作用。在传承保护惠水县布依族非物质文化遗产方面，其主要措施有以下几点：

一是成立了惠水县非物质文化遗产保护中心，它是隶属县文化和旅游局的专门机构，有专门的人员编制和经费预算，并于2009年6月13日"文化遗产日"举行挂牌仪式，从此非遗传承保护工作得到有效开展。

二是建立相关的非物质文化遗产传习所和培训基地，同时开展民族文化进校园活动。通过开展各种传承培训、技艺交流、技艺展示等活动，不断壮大传承人才队伍。如在惠水县非遗文化进校园做得较好的有雅水小学、好花红小学、惠水盛华职业学院和惠水职校。有些学校还专门成立非物质文化遗产传承班。

三是建立非物质文化遗产数据库和展示厅。惠水县从开始对非物质文化遗产的普查、调查、资料、图片的收集整理，项目编制申报，评审等各个环节都逐步纳入数据库管理系统，并使之成为覆盖全县各乡镇（办）的非物质文化遗产保护工作数据网络，为非物质文化遗产保护传承提供良好的资源共享环境。同时建立非遗展示厅便于更多的群众参观，特别是对中小学生观摩的宣传、教育影响效果最好。

四是不断健全和完善非物质文化遗产传承保护机制。近年来，惠水县对非物质文化遗产传承人除了给予相应的现金奖励外，还对非遗项目在政策、资金等全方位给予扶持，鼓励传承人对非遗产业的发展。

四、非物质文化遗产的传承保护成效

自 2006 年初建立惠水县非物质文化遗产保护工作小组之后，通过对全县非遗资源的全面普查、重点调查，资料的收集整理、数据分析、项目编报，到 2012 年底，惠水县非物质文化遗产进入国家级保护名录的有 2 项："《好花红》调"和"枫香印染技艺"，省级保护代表名录 5 项，县级公布保护名录 51 项。

从 2008 年 6 月，惠水县布依族"《好花红》调"和"枫香印染技艺"入选国家级非物质文化遗产保护名录之后，得到各级党委政府的高度重视。如"《好花红》调"传习示范基地好花红镇好花红村，通过宣传、投资、打造，如今已经成为惠水县文化旅游的最大亮点；"枫香印染技艺"通过基地培训和校园办班的推动，目前其产品享誉海内外，被誉为土布上的"青花瓷"，已逐步形成非遗重点产业。

同时，县委、县政府对布依族文化的传承和保护非常重视，近十多年来，以好花红作为文化品牌重点打造。从 2001 年到 2006 年先后三次共投入资金近千万元举办"中国·贵州·惠水·好花红艺术节"，三次艺术节除本县自编自演多姿多彩节目外，还邀请中国著名歌唱家蒋大为、李丹阳、王宏伟等来实地演唱，三次艺术节一次比一次多姿多彩，一次比一次更有特色。后来又邀请著名导演李遵、著名音乐人卞留念、全总著名歌唱演员王艺霖、歌唱家王宏伟等前来助阵，拍摄成《想涟江》《故乡年年好花红》《好花红》和《好花红的歌美滋滋的唱》4 个音乐电视，并在中央电视台音乐频道多次播出。2013年由政府出资一千多万元在布依水乡欢乐岛推出《好花红》一台山水戏实景演出，得到了省内外观众的一致好评，把好花红文化品牌不断推向新台阶。

惠水县还以县人民政府作为《好花红》的版权人在省版权局注册登记成功，把《好花红》发源地毛家苑乡更名为好花红乡，现为好花红镇。

为了更好地对布依族文化加以保护和发扬，政府在好花红镇好花红村以布依族元素为主投入2亿多元打造最美乡村旅游景区。由政府出资在好花红辉岩寨对一户布依族典型建筑布依堂屋加以维修，由贵州省布依学会评估并授牌为"中华第一布依堂屋"，现已列入县级文物保护单位。

惠水县还引进资金6亿多元在县城分别建成了一个"布依水乡欢乐岛"和一个面积7万多平方米的"好花红广场"。所有这些措施的实施，对布依族文化的保护与发展都起到了积极的作用。

五、存在的主要问题

一是缺乏整体性的保护规划。如布依族建筑风格、服饰、习俗等。非物质文化遗产的传承保护与开发利用涉及面较广、部门多，必须有一个统一规划，否则在传承保护和开发利用过程中会造成利益损失和资源浪费。

二是信息时代强势文化的冲击，民族传统文化由于受生存环境和文化空间影响的双重压力，使以口传心授方式传承的各类文化艺人、技艺、民间习俗等文化遗产和作为流传文化载体的语言文字正在消失。

三是专业人才缺乏。由于体制和历史等原因，目前最基本的能把非遗工作的田野调查、文本制作、项目申报等业务全面把握的业务人员非常匮乏。缺乏人才往往会造成项目分类不合理、制定名称不规范、调查方法不科学、价值评估无从下手等问题，对工作造成很大影响。

四是经费投入严重不足。非物质文化遗产传承保护工作具有其特殊性，有些项目要在特定的时间、季节，甚至等待特定的场合出现后才能确定，具有长期性和持续性。特别是一些濒危的项目要及时拯救和保护，因此，经费不足是难以做好的。

六、今后主要对策

惠水县布依族非物质文化遗产传承保护工作已取得初步成效，但由于多方面原因，总体工作发展仍存在差距，对一些项目仍重视不够，特别是县级保护名录，再不重视有可能消亡。因此，针对惠水县非遗传承保护现状，今后主要采取如下对策：充实和完善非物质文化遗产保护中心机构，增加人员编制和保护经费预算。加大专业人才培养力度，扩大传承的培训渠道，多形式开展宣传活动。在做好传承保护工作的基础上，加大开发利用工作，助推旅游产业发展。开展非物质文化遗产传承保护交流活动，采取"请进来"和"走出去"的方式与县内外进行文化交流，学先进、借经验、推自身。总之，我们通过大力宣传、保护传承、开展利用非物质文化遗产工作，不断增强各族群众对民族传统文化保护意识和文化生态的认同感，为下一步各项工作开展创造条件。我们相信在县委、县政府的领导下，在上级业务部门的指导下，在各级专家和学者的关心支持下，惠水县非物质文化遗产传承保护工作将得到有力推进，也将进一步推动惠水县好花红民族民间文化事业的大繁荣大发展。

论布依族传统文化的传承与发展

王兴珍

周恩来同志曾说:"我爱我们的民族,这是我们自信心的源泉。"我国是一个统一的多民族社会主义国家,党中央、国务院始终坚持各民族平等和语言平等政策,在《中华人民共和国宪法》《中华人民共和国民族区域自治法》等法律法规中规定各民族可以使用自己的语言文字,保障少数民族有使用自己语言文字的自由。拥有三百二十余万人口的布依族,具有悠久的历史和光辉灿烂的民族文化,被世人誉为会说话就会唱歌的民族。布依族的祖先在漫长的生产生活实践中,创造了优美的布依古歌,布依古歌在布依族群体中能够充分表达思想感情,传授劳动生产技能和文化知识,再生力很强,是中华民族优秀传统文化的重要组成部分。

布依族传统文化面临濒危失传。第一,从清代后期开始至国民党统治时期,统治者推行民族歧视和民族压迫政策,一部分布依族人民为了避免遭受歧视和伤害不得不忍痛放弃自己的布依族语言,在社会交往中不再用布依语进行交流,在家庭成员中很少用或不再用布依语言进行交谈,致使其后代没有学习本民族语言的机会和环境,久而久之,布依语就逐渐呈现失传的势头。在贵阳市,布依语濒危失传的问题尤为突出。在布依族同胞中35至45岁的中年人,一般只听得懂而不会讲,30岁以下的青少年基本上都听不懂,更不会讲了。第二,布依族祖先在长期的生产生活实践中创造了许多优美动听的布依民歌和布依古歌，流传了数千年。也正是前述各种原因，布依民歌和布依古歌失传的程度比布依语失传的程度更为严重。第三，众所周知，布依族是一个热情好客、待人友善、讲究礼仪的民族，特别是在婚嫁庆典中尤为讲究，宾主之间以礼相待，以歌传情，通过一定的礼仪，充分表达宾主内心真实情感，增加了婚庆场面的热烈气氛。但是，20世纪60年代以后，这个传统逐渐淡化。如今，30岁以下的青少年根本没见过如此热烈欢快的喜庆场面，这一优良的传统已濒临失传。

布依族文化艺术绚丽多彩，布依族人编歌唱调的才能亦闻名于世。布依族民歌《好花红》《桂花开放幸福来》等经典代表作传遍祖国大江南北，深受人们喜爱。而朗朗上口、委婉动听、入情入理、引人入胜的布依古歌，更是布依歌曲的精华，是布依族古籍文献的重要组成。古籍是记载一个民族文明的重要标志，同时也是传承文明的一种重要形式，是不可再生的文化资源，布依族古歌不但是布依人的宝贵精神财富，更是布依族古籍的重要文献，是当前政府各级民族工作部门要求各地普查、登录、抢救的口碑古籍之一。布依古歌一般是在婚庆、竖房或重大节庆等场合才演唱，故现在会唱布依古歌的人已经为数不多。为抢救濒临失传的布依古籍文献，传承和弘扬布依族优秀文化，我们这一代布依人应义不容辞地承担起抢救、传承布依族古籍文献的责任，应在布依族人群中大力提倡讲布依话，传唱布依古歌，让濒临失传的布依族古歌重新焕发新的生命力，让布依古歌传遍我们布依族同胞居住的每一条村镇、每一个街头、每一个角落，让布依文化发扬光大，让不懂布依族语言的年轻一代掀起学说布依话、学唱布依歌的热潮。

布依古歌是布依族文化的历史。布依族古代有文字，但没有传承下来，只在布摩中使用，1957年创造了布依拼音文字，但未大规模推广，只在当地有限的范围内极少数人会使用，书不同文、字不同音，不利于交流发展。由于不同文、不同音，浩如烟海的布依古歌，根本就没有文字记载，故千百年来深深印入布依族人脑海中的布依古歌就是布依族的先辈们一代代口耳相传，用歌唱的形式传承下来的。这些古歌叙述了布依族先民对自然界和人类历史的认识，叙述了布依族先民在漫长的历史长河中创造的光辉灿烂的历史文化。现代传承下来的布依古歌，有创世古歌、叙事古歌、礼仪古歌、爱情古歌等。这些古歌内容非常丰富，歌词含义深邃，音调优美，比喻贴切，逻辑性强，听之引人入胜。如长诗《创世古歌》《洪水潮天》《十二个太阳》《造天造地》《伏羲兄妹造人伦》等叙述布依族先民富于想象的创世意识和敢于战胜大自然的英雄气概及超人的智慧，令人听后对布依族先民产生了由衷的敬仰和崇拜；《过年歌》《亲家歌》《栽烟劳动歌》《摸黑歌》《洗脚歌》《分烟歌》等以叙事形式叙述布依族人勤劳、勇敢、尊重客人和对美好生活追求的愿望；《筷子歌》《酒令歌》《开财门歌》《消夜歌》《栽花歌》等则让人感到布依族先民自古就倡导本民族要讲究社会礼仪，待人要热情、朴实、诚恳、礼貌，做人要诚实、谦虚、谨慎。故为了表示对客人的尊重，贵客进门要唱《开财门歌》、喝进门酒，席间敬酒唱《筷子歌》《赞美歌》、颂《敬酒令》等；《思念歌》《热恋歌》《恩爱歌》等爱情古歌则是青年男女情爱的升华，从初相会唱到赞美、爱慕、约会、迷恋、盟誓以及结成夫妻后的美好愿望，表达了男女青年对自由婚姻的追求。以上各类古歌曲调优柔婉转，令人陶醉。与其说布依族人的对歌是一种娱乐活动，不如说是一种互动的才艺展演和互相学习、传承布依文化的特有方式。所以，我们这一代布依族人再不把布依族古老的优秀文化传承下去，再不让年轻一代布依族人知道学习布依族文化的重要性，极有可能再过三五十年，我们布依族的民族文化就会陷入濒临失传的境地。城市里的听不懂，不会讲，近郊的说不全。如果作为布依族人而不懂布依族文化，不懂布依族语言，不懂布依族习俗，不懂布依族社交礼仪和待人接物方式，你说这还叫布依族人吗？故笔者认为今后各地举行各类布依族文化活动及召开布依学会议等应大力提倡说布依话、唱布依歌，掀起说布依话、用布依语唱布依歌的热潮，以提高我们民族的自信心、自尊心、自豪感。

曾记得1997年贵州省布依学会在织金县召开年会时，时任常务副会长的贵州民族大学教授吴志平先生就是用布依话作大会报告；2009年贵州省布依学会召开换届会议时，节目主持人也是用布依语主持；贵阳市布依学会主办、花溪区布依学会承办的2009年"六月六"歌节中的"布依族礼仪展演""布依语竞赛""布依古歌比赛"及2010年布依年节敬奉布依族人文始祖仪式时，也是用布依语唱诵。时间似流水，一去不复返，但吴志平先生抑扬顿挫的布依语报告仍深深印在我们的脑海里，节目主持人甜甜的布依族语言仍回响在耳边，贵阳市布依学会、花溪区布依学会布依族礼仪展演、布依语竞赛、布依古歌比赛中优美的布依族歌声和布依年节敬奉祖先仪式里有节奏的男中音更是令人百听不厌。吴志平等长辈们、节目主持人们、贵阳市布依学会的同胞们已经给我们开了一个好头，希望我们更多的布依族同胞昂起头、挺起胸来大声说布依话，大声吟唱布依古歌，大力弘扬和宣传布依文化。

时间是智慧的结晶。不会唱的跟着会唱的多学，时间一长，慢慢的也就学会了，对此，我就有深刻的体会。我虽然出生在布依族村寨，布依族家庭，但我的父母基本上讲的都是汉语，祖母又误认为布依族语言不学自然会，故家中无人说布依话。由于我的周围没人说布依话，自然就没有学讲布依话的环境，也就听不懂布依话。记得在我十七八岁的时候，有布依族后生来我们寨歇"七月场"，姐妹们相邀去唱歌。我们刚唱了一首汉语民歌后，客人马上就回唱多首布依语歌。我们寨上的年轻人基本上都听不懂布依话，更不会唱布依歌，而客人汉话、布依话都很流利，唱了四句歌唱排歌，唱了民歌又唱布依歌，后见我们一句布依歌都不会唱，又听不懂布依话，就唱布依歌讥讽我们，骂我们不是正宗布依族，假冒布依族人，不懂布依族的礼仪和规矩。隔壁的老人见我们毫无反应，还在那里偷偷地乐，就说"客人唱布依歌讥笑你们咧，你们这些姑娘都听不懂啊，还听得津津有味"。一晃几十年过去了，姐妹几个傻兮兮地恭听着别人"赞美"的尴尬场面在我脑海里却永远也抹不掉。三十年前，也是我调到花溪区民委工作的第二年，与单位几位年长的同事到布依族村寨搞布依文化调研，村寨里几位热情好客的中老年人唱布依歌来敬酒，其中就有"三栏西""乐芒""乐揪""笨赛""瀼打"等这样的词语。歌声温柔优美、婉转动听，有如大珠小珠落玉盘。可听来听去，想来想去就是不知道什么意思，想开口问又怕再受到别人的奚落。为了所谓的"面子"，这几个词闷在心里好多年。终于有一天，再也忍不住了，便利用到贵阳市民族事务委员会办事的机会，向时任办公室副主任的赵焜同志请教——"三栏西"是什么意思？"乐芒""乐揪""笨赛""瀼打"呢？经过赵焜主任的解释和点拨，茅塞顿开，原来"三栏西"就是布依话的"三与四"，"乐芒""乐揪"就是亲家，"笨赛"是棕榈叶，"瀼打"是河水的意思。多一门语言就多一门生存技能，布依歌蛮好听，布依族语言蛮有意思，布依族人真聪明！从那以后我也就慢慢地爱上了学说布依话唱布依歌了。十多年来，各布依族聚居地都在举办布依歌节、歌会，布依山乡处处洋溢着优美的歌声，活动中我认真听大家讲、听大家唱、虚心跟大家学，慢慢我也能用布依语与人对话，还能唱一些简短的布依歌了。

  当然，一个民族要发展要进步，就要不断学习其他民族优秀的文化，用别人先进的文化提高和发展自己。但是，我们在学习其他民族先进文化的同时，更应该加倍注重保护和传承自己民族特有的、独有的、优秀的、传统的文化。也只有懂自己的民族文化才能真正了解自己的民族，才能通过优秀文化的传承发展，使本民族长期屹立于世界民族之林。

布依族文化是布依族人的宝贵财富，同时也是整个中华民族宝贵财富之一。广大的布依族同胞应增强民族自尊心、自信心和自豪感，让布依族子孙后代不忘记自己是其中的一员，不忘记自己的先民与各民族在共同创造中华民族的历史过程中创造了本民族特有的、独有的、优秀的、传统的文化，要珍爱自己的民族文化，要共同做好拯救、传承和弘扬布依文化工作。

我们要进一步努力提高广大布依族同胞对抢救、传承和弘扬布依族优秀文化现实意义和深远历史意义的认识，高度重视，加强对布依民族文化的保护和引导，省、市、县（区）布依学会在开展各项活动中，要继续坚持带头说布依话、唱布依歌曲，适时举办布依语言竞赛和布依歌曲比赛，推动说布依话、唱布依歌的热潮，并大力提倡在日常生活中使用布依族语言。如果大家都会说布依族语言，当遇到本民族的同胞用本民族语言交谈时就会建立一种特殊的、亲切的感情，这种感情纽带能使本民族优秀文化潜移默化，成为引领和带动布依文化发展的原生动力。

另外，各地应制作图文并茂的 DVD 教学光碟，广泛地开展布依话和布依歌的教学活动。在布依族聚居的地方，提倡布依语进校园，实行汉语、布依语双语教学，开展学布依话、讲布依话、唱布依歌从娃娃抓起，从社区乡村抓起，从基础抓起等系列推广活动。如果我们的娃娃都懂得自己的民族语言，热爱本民族文化，将来他们会懂得更多，学得更快，飞得更高，走得更远，也会赢得更多人的尊重。

我是布依族，我自豪，我会唱布依歌，我自豪，我会讲布依话，我自豪，我爱我的民族，我爱我们优秀的民族文化。

将布依民族悠久的历史、文化和古老的民族文字刻写、刺绣在布依大地上及布依人生活里

——在2016年·中国册亨·布依族文化年"中华布依族刺绣艺术传承发展论坛"上的发言

罗祖虞

册亨是个美丽的地方！册亨是个神奇迷人的地方！册亨人杰地灵，是一个催人奋进的地方！册亨是个成就事业的地方！

册亨大地永远让我留恋，册亨民风永远让我难以忘怀！册亨是我从事地球科学事业成就达到巅峰的地方，1976—1977年我领导并亲自参加的石油部中国南方五省区（滇、黔、桂、川、鄂）石油科研大会战，在册亨等典型解剖点摸爬滚打，出色完成任务，科研成果获中国首届科技大会科研成果一等奖；20世纪80年代改革开放以来，我带领地球科学大学生找矿勘察，跑遍了滇、黔、桂毗邻区，完成国家多个金矿科研课题，发现及研究了中国第二个金三角，即"滇、黔、桂金三角"多个金矿床、金矿点及金矿成矿带，立下了汗马功劳，得到国家部级大奖。册亨原生态布依民族文化历史悠久，底蕴丰厚，是我研究布依民族历史与文化，从事回报我们民族的事业的好地方。从贵州省布依学会成立开始（我时任名誉会长）一直到现在，我经常执着地到册亨、望谟、安龙、贞丰等地区，进行布依民族历史与文化田野调

查，向群众学习，硕果累累，并获多项奖……

朋友们！同胞们！快到册亨这片神奇、美丽而热诚的大地上来开发、成就事业吧！有付出定会得到册亨大地和人民丰厚的回报！

我今天的发言题目是《将布依民族悠久的历史、文化和古老的民族文字刻写、刺绣在布依大地上及布依人的生活里》。下面，我想讲以下几点：

（1）从云南省布依学会成立以来，我担任了一、二、三届的会长，任会长期间，到处走访布依族民间，在云贵高原，包括四川南部的多处布依族村寨，进行田野调查。在金沙江流域，发现了我们布依族最古老的民族文字及摩文化文献典籍，它们在部分布依族地区民间还在应用、流行、藏存，并进行了抢救、收集、整理和研究。这与在中华大地上新近发现的4000—6000年前最古老的广西百色田阳古骆越文字和3500年前的殷商甲骨文字，以及水族民间现今还在流行应用的古水文字，有相似之处，一脉相承，同宗共祖，同源异流。2010年第三届云南省布依学会会长期满卸任以后，受聘请到中国西南民族特色研究中心为特聘专家，及受聘为云南民族大学民族文化学院客座教授，专门从事民族古文字研究及毕业生、研究生民族古籍与民族传统文化的教学工作。布依民族古老文字的研究由我组织和领导进行，于2010—2012年首次批准为国家社会科学基金项目，成为国家级层面上的研究课题，现在已经完成，课题通过验收，得到全国专家的一致好评，填补了布依民族古老文字研究的空白！改写了布依民族没有民族古文字的历史！这也说明，布依族民间还在流传的很古老的文字，得到国家认可。科研成果——专著，由贵州省布依学会吴嘉甫会长及王思明老会长题写书名和题词《中国布依族古百越文字调查及研究》，这几天正在印刷，以后将赠送给每一个布依学会；赠送给我们布依族地区的大专院校和图书馆等，让我们布依民族群众及年青一代都认识、学习我们古老而优秀的布依族古百越文字。

（2）布依族是古百越民族的后裔，古百越民族是东亚、东南亚及中国最古老的民族。

根据现代全世界科学的研究，特别是分子生物学、分子遗传学、分子人类学等的研究成果，得到考古学资料的证实，证明了我们的先民——越人—百越民族，是东部亚洲地区最早最古老的民族。我们的民族是怎么来的呢？是在大约70 000年—10 000年前，即旧石器时代中晚期那段时间，非洲的早期的现代人——新人，向东发展，沿太平洋沿岸来到了泰国、老挝、越南及中国的两广地区，因天时地利而长期驻留下来，之后逐步发展，与天斗，与地斗，与恶劣环境斗，取得很大成就。据考古资料证实：大约在2万年前，即旧石器时代晚期后段，他们由狩猎时代进入了农耕稻作时代，向人类文明跨进了一大步。这批人大力发展，广布于长江流域及其以南至沿海地区，形成了以农耕稻作为主体特征的"古越文化圈"族群。大约又在10 000年—7 000年，即新石器时代早期或之前，又完成了从母系社会向父系社会进化的文明大转变，百越民族形成，并产生多个地区方国，向人类文明又跨进了一大步。他们又继续东进南下，向东南亚、西太平洋各群岛、日、韩等地区扩散发展，形成"泛越文化圈"族群。美国人类学家摩尔根指出："文字的使用，是文明伊始的一个最准确的标志。"大约又在7 000年—5 000年前，新石器时代中期，越人先民——人文始祖布洛陀，创造发明了古百越文字，这是中华大地上目前最古老的文字。

大约在3.5万年，有一批非洲现代人，经伊朗高原到中亚地区，就是现在所说的丝绸之路，其中一分支经哈萨克斯坦进入新疆准噶尔盆地，到河西走廊，再到黄河中上游陕、甘、青毗邻地区，这些地方生存环境相对较好，便安定驻留下来，长期发展，逐渐形成了北方氐羌族群（包括汉民族先民）。其发展相对于南方"古越文化圈"族群，晚了很多。

据摩经文献记载及考古资料证实，是布洛陀、姆洛甲领导越人先民由狩猎时代进入了农耕稻作时代，发明引种了水稻，引种了麻、棉，引导先民编织布匹。大约在7000—5000年前，越人先民已经可以大量地生产麻棉布匹，以后又发展出了刺绣。

（3）听说有一次全国的模特选美大赛有我们布依族靓女参加，当问到我们布依族靓女"你是什么民族？你们有没有自己的民族文字？"时，她的回答是："我是布依族，我们没有自己的民族文字。"唉！这真是天大的误会，我想借此机会，跟大家讲解一下，我通过国家级课题对布依族古百越文字的科学研究，第一个课题已经完成了，第二个课题研究正在进行中，都证明了我们布依民族有很古老的文字，并一直发展延续到今天，共计有如下四种文字：

①布依族"古越文字"：与壮族古骆越文字、水族古水文字统称"古百越文字"或"百越古文字"。壮族古骆越文字有4000—6000年历史，与布依族古越文字、水族古水文字相似，是同宗共祖、同源异流的姐妹文字，壮族古骆越文字是宗是祖是源，布依族古越文字、水族古水文字是流，同源异流。壮族古骆越文字在秦汉武力强权统治时代，在民间已经被强迫消亡；而布依族古越文字、水族古水文字在云贵高原偏僻山区的民间还在流传、应用。它们都与3500年前殷商时代的甲骨文字有相同的特点。据历史及考古等资料证实：中华第一、二个朝代：夏朝、商朝，是大约7000—5000千年或在其之前，南方百越民族大发展，向北入主中原（华北平原）以后，建立及主导的国家，因此，古百越文字与甲骨文字有其亲缘关系，历史很久远。

②"方块文字"：秦汉武力强权统治时代及其以后，由于百越民族民间知识分子——布摩，开动脑筋，避风险求发展，顺应

时代的潮流，利用汉字的偏旁首部及自创符号，开始创建了壮族—布依族"方块文字"，直到隋唐时代，"方块文字"发展成熟，并广泛应用于民族民间。

③ "CV型拼音文字"：布依族布摩发明用来拼写记载摩经文献的文字。这种文字被贵州省有关行政单位认可为"布依族古文字"，并嵌刻在省会城市贵阳市大十字广场民族文化长廊的石柱上。

④ "拉丁化拼音文字"：新中国成立以后，党和国家关心我们布依民族发展，创立了"拉丁化拼音文字"。所以请大家记住：我们是有文字的民族，而且是有很古老的民族文字的民族，是有悠久的民族历史与文化的民族。我们都为自己是布依民族而感到骄傲和自豪。

我讲的这些和我们今天的讨论会有什么关系呢？我认为关系很大。

首先讲刺绣，刺绣的定义有广义和狭义之分。广义的"刺绣"，是将我们悠久的布依民族历史与文化，将布依民族古老的古百越文字刺绣刻画在布依大地上。狭义的刺绣，主要是指在纺织品、布匹及皮革等上进行刺绣。今天我们呼吁：将我们悠久的布依民族历史、文化和布依民族古老的文字，刺绣刻画在布依大地上；把我们悠久的布依民族历史、文化和布依民族古老的文字，刺绣在我们生活的方方面面。让子孙后代知晓、认识、铭记，永远传承、弘扬下去，永远发扬光大。为此，我提出几点建议：一是在贵州、云南、四川布依族地区，在有关的布依族风景旅游区，大力进行布依族悠久的民族历史与文化的宣传，如把我们古老的古百越文字，通过吉祥的话语，刻画在我们的旅游区及布依古寨的大地上，也可以建立布依古文字纪念碑亭等等，让我们布依民族的子子孙孙，经常见到和认识、牢记我们悠久的民族历史、文化和古老文字，永远铭刻、传承、弘扬下去。

二是把我们悠久的布依民族历史、文化和古老的百越古文字，刺绣或刻写在我们日常生活里的方方面面。世界级云南丽江纳西族风景旅游区，深入、广泛宣传、弘扬纳西族东巴文化和东巴文字做得很好，是我们学习的榜样。学习他们，把我们的悠久民族历史与文化和古百越文字刺绣或刻画在服饰上、路边石壁上、工艺品上、木柱上、木匾上、妇女的披肩上、青年人的情侣装上等等，宣传到人们的衣、食、住、行、乐等的方方面面，处处有所体现，特别是让年轻一代永远铭记、传承、弘扬。

三是我们册亨县新建了一个广场，我建议把越人—百越民族的人文始祖——布洛陀像塑立在广场上；把布依民族符号和品牌——铜鼓，雕塑或图案刻画在广场上；把布依民族古百越文字或有关祈福的话语，刻写在石碑上或碑亭里，让广大青少年及路人，永远看到和铭记布依民族悠久的历史与文化和民族古老文字，永远弘扬、世世代代传承下去，发扬光大。

历史文化研究

六画与文书局

越人—百越民族人文始祖布洛陀时代背景、思想价值及贡献的初步研究

罗祖虞　罗有奎　雷金福　王云奎

"布洛陀，一个早已载入史册的名字，一个鲜为人知的世界文化核心的精灵。在人类社会文明发展史上，布洛陀乃是文明奠基者的化身。要揭开世界文明、中华民族起源之谜，离不开对布洛陀起源的研究，布洛陀是中华民族始祖神、道德神、万能神的象征。一切数字易卦的起源都和其与姆洛甲文化有着非常直接的关系，它代表阴阳文化的先进方向，一直隐藏在中国文化底蕴的深处而不为人们所知。"（黄懿陆《中华布洛陀神史》）

一、布洛陀、姆洛甲始祖神古文字记载

根据古骆越文字、古百越文字、古水文字典籍记载：在4 000—6 000年前，即新石器时代中、晚期，就有越人、百越民族人文始祖：姆洛甲、布洛陀的文字记录："卅"（公、祖公）"卅"（六铎公—布洛陀祖公）；"茻"（祖母）、"숲"（母六甲—姆洛甲）。从古至今在摩经中记载、在民间流传：布洛陀、姆洛甲是始祖神，是开天辟地、创造万物、创造人类、创造伦理道德、规范人世间一切的万物神。是布摩及百姓的人文始祖神仙，至高无上，受人顶礼膜拜。

根据摩经文献记载及布摩口传，布洛陀始祖创造了越人的古

百越民族文字。之后才有今天越人、百越民族古籍。

二、布洛陀、姆洛甲人文始祖产生的时代背景

（一）以民间原始的数字易学出现来判别

根据 1982 年第 16 期《科学通报》揭示的考古成果及抚仙湖水下考古资料，黄懿陆教授研究判断：成熟的数字易卦出现在 28135 年—1330 年之间。

布洛陀、姆洛甲是从天而降的雌雄神鸟，以后鸟类驯化成家禽之后，越人即以鸡卦占卜，从古至今。

鸡卦占卜是数字易卦的来源。数字易卦出现在 28135 年—1330 年之间。因此，布洛陀、姆洛甲应出现在 28135 年以后，即旧石器时代晚期及其以后。

到新石器时代中—晚期（6000—4000 年）据摩经记载：布洛陀创造发明了古百越文字，在百色平果感桑"石刻"古骆越文字中，有鸡卦占卜的文字字符："∦""⊦""ψ"记载。

（二）以布洛陀教百姓农耕引种稻谷的时间来判别

根据摩经记载及民间流传：远古时代人们过着采摘及狩猎经济生活，人口多了，野果及野兽肉不够吃，生态破坏了，是布洛陀、姆洛甲教大家造工具、造农具、造陶器，引种野生稻子，进行农耕，从此进入农耕时代；远古时代"发明种稻"及"农耕稻作"被世界公认是"古越人的杰作"。

（1）根据古代越人分布地区稻谷考古资料：在湖南与广西毗邻的道县玉蟾岩文化遗址发现 14801—12320 年的稻谷及陶片。即旧石器时代晚期。

（2）江西万年仙人洞文化遗址发现 14000—12000 年稻谷及陶片。因此，布洛陀、姆洛甲应出现在 14801—12000 年以前，即旧石器时代晚期或之前。

(三) 以古越人特有的"戌""有肩石斧""有段石锛"及几何印纹陶器出现来判别

"戌""有肩石斧""有段石锛"是古越人农耕族群发明的最早的特有的农耕生产工具；几何印纹陶是古越人特有的生活用具。

根据考古资料：

(1) 浙江上山文化遗址发现石斧、稻谷及几何印纹陶的年代为：11000—9000 年。

(2) 江西万年仙人洞及吊桶环两处文化遗址的几何印纹陶的年代为：12000—10000 年。

(3) 湖南道县玉蟾岩文化遗址中几何印纹陶的年代为：14810—12320 年。

(4) 广西桂林甑皮岩文化遗址：穿孔石器及几何印纹陶的年代为：12500—11400 年。

(5) 综上所述，再根据摩经记载及传说：这些生产工具及生活用具都是布洛陀、姆洛甲造万物时，创造并教百姓使用的。因此，布洛陀、姆洛甲拟人化人物应出现在 14810—9000 年，即旧石器时代晚期至新石器时代早期。

(四) 以目前古越人在晚期智人（即"新人—现代人"）阶段之前期的考古文化遗址资料来判别

从分子人类学研究得知：6 万年—1.8 万年左右，最后一批新人—现代人人群，从东非来到东南亚泰、老、越及中国北部湾两广地区，他们属晚期智人（即"新人—现代人"）。他们最先到达后并驻留孕育了很长一段时间，先后创造了独具特色的先驱古越人物质文化及精神文化，并留下了灿烂的文化遗址。

以广西柳江人文化遗址、广西百色右江阳圩百达人文化遗址、越南和平文化遗址、泰国夜丰颂仙人洞文化遗址及贵州兴义猫猫洞人文化遗址等为代表，现分述于下。

（1）广西柳江人文化遗址。

1981年在广西柳州柳江县发现柳江人的古人类学名："中国新人化石"，有颅骨、脊椎骨、肋骨、骨盆及大腿骨多块，经中国科学院古脊椎动物与古人类研究室吴汝康教授鉴定，定名为"柳江人"，为一中年男子。地质年代：第四系晚更新世，距今4万—5万年，是迄今为止，在中国发现的现代人化石。

柳江人脑壳容积为1567mL，而晚期智人（即"新人—现代人"）脑容量为：1300~1500mL，平均为1400mL，因此，柳江人属于晚期智人（即"新人—现代人"）无疑。

又柳江人的体质人类学之形态与现代人特别是两广人、壮族人相似，应属古越（粤）人的先驱者。吴汝康教授认为："柳江人是中国以致整个东亚迄今所发现的最早的晚期智人"。

又据2001年年代测试资料：柳江人年代为距今7万年前，时代属旧石器时代晚期。因此，柳江人应是来到东部亚洲东南亚及中国南方的晚期智人（即"新人—现代人"）的先驱者。

中国著名民族学家黄现璠教授认为："柳江人所在区域，恰好是壮族先民活动区域，也是今天壮族聚居地。鉴于此，壮族也是这些古人类后裔"。（黄现璠《壮族通史》）

有些中国科学家对埋藏柳江人化石地层进行年代鉴定，认为：通过对柳江人洞穴堆积物详细研究表明，柳江人有可能生活在7万—13万年之间或更早。

1984年，日本有关专家研究认为："日本人的祖先可能是柳江人的一个分支。特别是港川人简直与柳江人像极了。""日本人的起源要到中国南方去找"。

（2）广西百色右江阳圩百达人文化遗址。

百达人文化遗址：2004年发掘，该文化遗址、出土文物5万多件。可分为上下两套连赎过度的文化层，上部为新石器时代文化层，距今9000—7000年；下部为旧石器时代中—晚期文化层，时间小于 10 万年，即 10 万年—9000 年。

新石器时代文化层：以出现石斧、石锛及绳纹陶器为特征的大量石器；还发现骨针、骨锥、用火遗迹、螺壳堆积层及动物植物遗存；还发现石器制造场，建筑群（柱洞群）遗址及墓葬地。工能分区明显。

旧石器时代中—晚期文化层：见有石制品：石锤、石核、石片等，器型有：砍砸器、手镐、刮削器等等。时代小于 10 万年。时代属旧石器时代中—晚期。

百达人文化遗址是华南地区旧石器时代向新石器时代过渡的第一处文化层遗址，文化层堆积厚，遗物丰富，跨越时代长，对研究古文化的发展演变，构建中国南方及东南亚地区史前年代框架及文化发展演化系列，具有重大意义。对研究华南古人类体质特征及越（粤）人、壮族的起源、分布、葬俗及经济生活、生存环境等，具有重要价值。应进一步发掘及研究。

珠江流域上游右江地区，类似的文化遗址，比比皆是，不胜枚举。

旧石器时代文化遗址：在右江流域目前有 57 处以上，以田东高岭坡文化遗址、百色百谷文化遗址为代表。

新石器时代文化遗址：分布更广，每个县都有分布，以那坡感驮岩文化遗址、百色新格桥新石器时代文化遗址为代表。

（3）越南和平文化遗址。

和平文化：分布于越南北部和平省，及老挝北部、泰国东北部地区，年代为 20500 年—8000 年，属旧石器时代晚期—新石器时代早期。

和平文化居民，主要从事采集、狩猎、捕捞，并制造和使用石器；大约在 9000 年—7000 年在越南北山地区有石斧和几何印纹陶。

(4) 泰国仙人洞文化遗址。

位于泰国西北部夜丰颂府迈桑南村仙人洞，年代为 11690 年—8750 年，属旧石器时代晚期—新石器时代早期。

仙人洞人制造和使用石器，驯养猪畜等，并采集各种植物种子；晚期约 8142—7622 年制造石锛、几何印纹陶，并种植葫芦、瓜类、豆类、菱角等作物。

(5) 贵州兴义猫猫洞人文化遗址。

位于兴义顶效猫猫洞，1974 年发现，年代为 12000 年，属旧石器时代晚期，地质年代属晚更新世后段。有 7 件猫猫洞人类化石，属晚期智人（即"新人—现代人"）。

猫猫洞人制造和使用石器、骨器、角器及动物化石达 4000 多件，有用火遗迹。

中国科学院古脊椎动物与古人类研究所张森水教授在《贵州的新发现及其对我国旧石器考古学的意义》中指出："台湾长滨文化与兴义猫猫洞文化有密切联系，虽然我们还不能说猫猫洞文化是长滨文化的直系祖先，至少可以说，猫猫洞文化类型为寻找台湾省远古文化之源。"（《贵阳师院学报》1983 年第 3 期）

(五) 结 论

综上所述：6 万年—1.8 万年左右，最后一批新人—现代人人群，从东非来到东南亚泰、老、越及中国北部湾两广地区，他们属于较早的晚期智人（即"新人—现代人"）。——他们最先到达并驻留东南亚北部及中国北部湾两广地区后，经过了很长一段时间，先后创造孕育了独具特色的越人物质文化及精神文化，并留下了灿烂的文化遗址。

这一批人群脑量发达，远大于 1400mL，聪明能干，很快取代了滞后不思进步的早期智人——古人，经济生活及人口大力发展，并向四方扩展，占领了中国南方、东南部及东北沿海的平原地带，并快速地向东南亚：缅、马、印尼、菲律宾及中国台湾、日本、朝韩和南太平洋诸岛扩散，形成"泛越"文化圈。

这一批人群来到东南亚及中国北部湾两广地区以后，经历了7万年—1万年左右的漫长岁月，"开天辟地，造万物，造人类，规范伦理道德，发展生产……"在适应新环境中，创造了独具特色的农耕稻作为主体的越人物质文化和精神文化的"古越"文化圈。在艰难困苦的生存竞争中，与天斗、与地斗，与恶劣的自然环境斗，披荆斩棘，克服困难，战胜困难，向前发展。布洛陀、姆洛甲就是这群越人人群的佼佼者、代表者及英雄人物，并成为越人及其以后形成的百越民族、泛百越文化族群所崇拜的人文始祖，古今流传。

三、创世性

大约6万年—1.8＋－万年，最后一批新人—现代人人群从东非来到东南亚泰、老、越及中国北部湾两广地区。他们最先到达，自然界对这批初民虽然是很严酷的，但这群远道而来的具有发达脑量的早期现代人群，凭借他们的聪明才智和勤奋、努力，不仅逃脱了被毁灭的命运，而且在与大自然的斗争中取得了主动权。据壮族、布依族、水族《摩经》及《史诗》记载，在开天辟地，造万物，造人烟、造火、造干栏、造稻谷、造牛等发展生产及生活过程中，越人先民创造出优秀的"物质文化"和"精神文化"，从古流传至今。

在《布洛陀》史诗中，叙述了寻找、驯化及种植多种野生稻谷和小米、高粱等。以及造工具，开田造地、犁田、耙田、播种、插秧、灌溉、施肥、收获等一整套农耕稻作方法。

在《摩经布洛陀》中，特别叙述了布洛陀教人们到山上找野生稻种，加工山石做犁，制作木耙来耕作等。还叙说布洛陀创造和规定了氏族部落制度、习俗、伦理道德、宗教观念、风俗习惯、爱情及家庭中如何处理各种人与人之间的关系等等。

以上这些，都表现出浓郁的创世性特征。

四、始祖性

摩经及布洛陀、姆洛甲的神话传说中，"布""报""包""鲍"在壮语、布依语及水语中，是受人尊敬的至高无上的"（男）祖先—祖公""老祖公—始祖公"之意；"陀""铎""舵"是"领头""带领"之意；"洛"是"鸟"，是崇拜"鸟"的"人群"或"族群"。布洛陀是崇拜"鸟"的"人群"或"族群"的领头的"老祖公—始祖公"。

姆洛甲："母""咪""俪"是"母—母亲"；"甲""娅""娲"是"女始祖""女王"之意；"洛"是"鸟"，是崇拜"鸟"的"人群"或"族群"。姆洛甲是崇拜"鸟"的"人群"或"族群"的"始祖母—王母"。

从历史上看，人们自觉认同布洛陀、姆洛甲是自己的创世（男、女）始祖。有的地区在新中国成立前还立有始祖庙纪念布洛陀。

从现今看，珠江流域、桂、黔、滇地区百越民族后裔每年农历三月都要举行祭祀布洛陀、姆洛甲活动。其中传说布洛陀曾居住过的百色田阳敢壮山，农历三月初七—初九，周边各县市数万群众聚集，隆重举行祭祀布洛陀始祖活动及歌圩盛会。其中也有东南亚与中国毗邻地区的群众派代表团或代表参加祭祀活动。足见其深入人心的始祖性及广泛性。

五、宗教性

在没有受到外来影响或冲击的百越民族后裔地区，存在着一种民间摩教。

摩教是民间由多神崇拜逐步向一神崇拜过渡的准宗教形态，它是一种拟人神的宗教，这个拟人神的代表就是布洛陀。

摩教的司职人员布摩，均尊奉布洛陀为开天辟地的祖师。在布摩从事为民祈福、消灾、灵王超度等所有法事活动中，都必须事先祈请布洛陀始祖公、姆洛甲始祖母降临，以求得神的帮助。

摩经经文中，随处都有"去问布洛陀，去问姆洛甲；布洛陀就说，姆洛甲就答……"的训导。在布摩的观念中，只要尊崇布洛陀、姆洛甲的教导并按其旨意去做，则无事不成，无福不有，消灾免罪，达其所愿。

《摩经布洛陀》等典籍，是越（粤）裔族群的经典和百科全书。正是由于布洛陀始祖公、姆洛甲始祖母的事迹的创世性、始祖性，才成为人们心目中具宗教性质的至高无上、顶礼膜拜的始祖神。

六、始祖的艰苦奋斗精神及充满开拓性、创造性之越人精神

（一）艰苦奋斗精神

（1）与天斗：大约6万年-1.8+-万年。最后一批新人—现代人人群，从东非沿印度洋沿岸，来到东南亚泰、老、越及中国北部湾两广地区。他们经历了地质历史时期中的第四纪晚更新世第二个漫长的全球冰期岁月，长途跋涉，寒冷交加，战胜各种艰难困苦，最后来到东南亚泰、老、越及中国北部湾两广地区，长期繁衍生息。艰苦奋斗精神绝无仅有，令后人赞佩。

（2）与地斗：来到东南亚泰、老、越及中国北部湾两广地区后，在漫长的全球冰期岁月中，其后，随着人口逐渐增多，为解决吃的问题，从艰难的采摘、狩猎、捕捞，逐步转向引种、纯化野生稻谷、驯化野牛等等，制作工具，开荒种地，艰苦奋斗，农耕稻作，解决了吃的问题。其精神令后人赞佩。

（3）与人斗：始祖时代是大约6万年-1.8万年，最后一批新人—现代人人群，从东非来到东南亚泰、老、越及中国北部湾两广地区，他们属晚期智人（即"新人—现代人"）人群。这一批

人群脑量发达，远大于1400mL，聪明能干，很快征服、取代了滞后不思进步的晚期直立人遗子及早期智人——古人（如蒙自马鹿洞人及广西西北隆林人等）。这批晚期智人（即"新人—现代人"）人群，勤奋努力，经济生活及人口大力发展，并向四方扩展，占领了中国南方、东方及沿海的平原地带，形成了"古越"文化圈。并快速地向东南亚：缅、马、印尼、菲律宾及中国台湾、日本、朝韩和南太平洋诸岛扩散，带着他们的物质文化、精神文化及传统习俗形成了"泛越"文化圈。

（4）与恶劣的自然环境斗：大约6万年—1.8万年，最后一批新人—现代人人群，从东非来到东南亚泰、老、越及中国北部湾两广地区之后，约7—1万年世界进入"末次冰期"，一方面要战胜严寒，另一方面又要与毒蛇猛兽作斗争……英勇顽强地战胜恶劣的自然环境，繁衍生息，精神可嘉。

（二）开拓性及创造性精神

（1）最后一批新人—现代人人群，从东非来到东南亚泰、老、越及中国北部湾两广地区之后，据摩经记载：开动脑筋，创造石器、木器农具等，创造几何印纹陶等生活用具，开拓性及创造性从事农业生产活动，从此进入农耕生产社会，人类进步的历史向前跨进一大步。

（2）据摩经记载：叙述了布洛陀教百姓去寻找、驯化及种植多种野生稻谷和小米、高粱等，以及创造制作工具，开田造地、犁田、耙田、播种、插秧、灌溉、施肥、收获等一整套农耕稻作方法。开拓性及创造性精神非常难能可贵。

（3）据摩经记载：是布洛陀制定规范了众多人群、氏族社会的制度及人与人之间伦理道德和行为准则，具有开拓性及创造性精神。

（4）美国人类学家摩尔根指出："文字的使用是文明伊始的一个最准确的标志"。据摩经记载：大约在新石器时代中期前后

(4—6千年)，布洛陀开拓性及创造性地发明了目前中国最古老的古骆越文字。

七、有关北方汉民族及汉民族人文始祖参考资料

（一）北方汉民族的形成和发源地及"华人"

中国北方"关中平原"是汉民族的发源地。"关中平原"地域涵盖了山西、陕西及甘肃南部地区，由汾河、黄河（中上游）、北洛河、泾河、渭河等河流汇集组成关中盆地，东部以太行山、中条山、秦岭之崤山、伏牛山与华北平原相隔。

汉民族形成是在公元前250年，汉高祖刘邦（尽管是陕西南部汉中人），他以武力推翻秦朝统治之后，建立大汉王朝，一统天下，立汉，始有汉民族概念。建都关中平原的长安，从公元前206年至公元9年，长期发展。关中平原是真正的正统的汉民族宗祖繁衍之地。

汉朝立汉之前的汉民族祖先又何在？可追溯到之前的以关中平原为发祥地的大秦王朝。秦始皇以武力一统天下，建都咸阳。再向前可追溯到春秋战国时代（公元前220—770年），即春秋列国及战国群雄割据纷争的时代，春秋列国中及战国群雄中的小秦国，仍安居于关中平原，建都雍（凤翔）。再向前追溯到周朝（西周）时代（公元前770—前1050年），以关中平原为发祥地的周族，占有关中平原天时地利条件，强势发展，建立了西周王朝，建都镐京（今西安西），势力强大，向东扩展，渡黄河、越过中条山、崤山，东征进入华北平原，灭掉了以越人主导建立的其语言及文化与周朝迥异的夏——殷商国家。周朝的周族应是以后秦、汉王朝汉民族最早最正统的源头。

而东部华北平原的夏、商时代，以越人（含东夷）为底层的华夏族群，经历了从周朝到春秋列国及战国群雄的争霸混战，以后又经历了从秦、汉、三国时代的兼并征战，特别是其后的魏晋南北朝时期，所谓"五胡乱华"，北方各列国各族群的大兼并、大混战、大融混，直到隋唐以后的五代十国、宋、元、明、清的多次南北方各王朝及族群的多次兼并、征战、融混。因此，华北平原、黄淮平原并波及中国南方，已成为多朝多代、多族群、以武力兼并、征战、融混、融合之地，已成为多元一体多民族共融之华夏族群之"华人"或"华族"。

而以陕、晋、甘南之间的关中平原为中心的周—汉民族，在多朝多代的历史长河中，都未受到外来兼并、征服、融混、融合的大影响，仍保持着较纯正的周—汉民族血统，"关中平原"是其宗祖之地。汉民族的人文始祖轩辕黄帝的起源及流传正在于此。

从上述历史演变及发展过程可知，应从分子人类学、分子遗传学，分别对正统的关中平原氐羌族群中较纯正血统的周—汉民族，及经历了多朝多代南北东西血统混杂的、多元一体的多民族共融之华夏族群之"华人""华族"，分别进一步深入研究，才能科学地反映历史与现实的真实。这在柯越海等在 Y 染色体单倍型研究中所建立的"17 个染色体单倍型的系统进化关系图"中，以及杨俊、李辉等在"推测 Y 染色体各单倍型的地理发生图"中，已初见端倪。这一研究将对中华文明发展脉络及中华民族的发展演化历史大有裨益。

（二）汉民族人文始祖轩辕黄帝

"黄帝者，少典之子，姓公孙，名曰轩辕。生而神灵，初而绚齐，长而敦敏，成而聪明"（汉·司马迁《史记·五帝本纪》）。黄帝神话出现于大秦王朝之前的战国后期，但构成黄帝神话传说，早已在战国（公元前 220—前 275 年）之前的著作中有记载。

黄帝是古代姬姓部落的首领，兴起于陕西关中平原渭河流域之姬水河一带。随着姬姓部落发展变强大而东扩，"大约顺北洛水南下，到今大荔、朝邑一带，东渡黄河"（徐旭生《中国古史的传说时代》第 44 页，文物出版社 1985 年版）东征，与华北平原之炎帝大战于阪泉，其后又与蚩尤大战于逐鹿，均以胜利而告终。因此，成为北方汉民族神奇神通的始祖神。黄帝去世后，回归陕西关中平原老家葬于洛河旁黄陵县（原桥山县）之桥山上。

八、从人类发源到旧石器时代晚期—新石器时代的现代人（晚期智人—新人）及中国长江流域以南的"古越文化圈"和西太平洋岛国"泛越"文化圈的背景资料，以及中国西北、北方氐羌族群形成的背景参考资料

分子人类学、分子遗传学资料勾画出世界人类的起源及东部亚洲人类的起源及发展脉络，并得到考古学资料的印证。

世界人类大约在 380 万年以前在非洲中、南部由南方古猿进化成人类——早期直立人。

大约在 250 万年以前，属第三纪晚期，即旧石器时代早期前段，非洲早期直立人，可能第一次走出非洲向东北，沿印度洋沿岸（当时处于更新世冰期，海平面比现今海平面低很多）向东进发，到达东部亚洲大陆之东南亚及中国南方，留下了 215 万年—195 万年建始人、204 万年—201 万年巫山人、180 万年爪哇人及 170 万年元谋人等文化遗址，他们属早期直立人（早期能人），脑量小（500~800mL），思维简单，会用火，仅会制作简单的工具，抵抗大自然灾害能力差，容易衰亡。

大约在 100 万年以前，属第四纪早更新世末期至 20 万年左右的中更新世末期，即旧石器时代早期后段，非洲晚期直立人，可能又走出非洲，并扩散到欧、亚大陆，他们由早期直立人进化而来，脑量增大（800~1200mL），思维进步，会制造较为复杂的大量工具，但抵抗及征服大自然灾害能力仍然较差，其中的一支仍沿着印度洋沿岸路线东进到东亚大陆，留下了观音洞人（100 万年）、蓝田人（100 万年）、北京人（70—20 万年）、桐梓人（20

万年）等文化遗址。尽管他们抗自然灾害及风险的能力仍差，亦容易衰亡。但在东亚，此时由于青藏高原迅速升起，在中国西南局部受大山屏蔽的低洼有利地段环境中，少部分晚期直立人的遗子成为当地"土著"，有少量的基因遗传下来。与其后的先进的脑子聪明的早期智人，甚至与更先进、脑子更聪明的晚期智人，共同生存一段时间，但最后仍均被晚期智人—现代人所征服，或交融而消亡（蒙自马鹿洞人及广西西北隆林人等就是如此）。

地球上所有的现代人类，仍来源于非洲。他们的祖先，根据母系 mtDNA 分析：大约在 18—9 万年前，平均 13 万年前（即属第四纪晚更新世前期，即旧石器时代中期）；及父系 Y-DNA 分析，大约在 14 万年—4 万年前，平均 6 万年前，走出非洲，他们属于早期智人（古人），他们的脑量增大、发达，接近现代人（1200mL~1400mL），他们来到东部亚洲大陆，征服及取代了绝大部分早先来的直立人（能人），仅局部少数条件好的地区的直立人（能人）遗子能生存下来，与新来的早期智人（古人）共同生活一段时间，但最终仍都被脑量更发达（1400mL）、更聪明能干的晚更新世后期（即旧石器时代晚期至新石器时代）的现代人（晚期智人）所征服，或交融而消亡。这些都被分子人类学、分子遗传学及考古学资料所证实。

根据分子人类学、分子遗传学研究，特别是通过对 Y 染色体、线粒体 DNA、常染色体及单核苷酸多态性等多种遗传标记和分型手段对东亚人群的广泛研究，结果都证明：东部亚洲现代人具有共同的非洲起源特征，并通过对 Y-DNA 单倍型的变异速率推算出大致在距今约 6 万—1.8 万年前；又根据东亚地区南方广西柳江人的考古资料的最新研究：现代人晚期智人（新人）的脑量为 1400mL，而柳江人脑量达 1567mL，这大于现代人的脑量，柳江人应属于现代人—晚期智人（新人），又在 2001 年最新年龄测定为 7 万年，因此，综合考虑：现代人最早一批走出非洲的时间，应从通过对 Y-DNA 单倍型的变异速率推算出大致在距今约 6 万—1.8 万年前，向前推进在 7 万年以前，更为恰当。

大约在 7 万年至 3.5 万年，现代人又多批次走出非洲，向东进入亚洲西部阿拉伯半岛，其中最早的一支沿着印度洋海岸线向东前进，当时海岸线比现今海岸线低 120m 左右，进展快，最早到达东南亚地区，最先进入泰国北部—老挝北部—越南北部—北部湾两广地区这一长廊地带，即具有 Y 染色体单倍型 H_1、H_5 人群驻留于此，并经过了漫长岁月，孕育了很长一段时间，先后孕育萌发了独具特色的先驱越人物质文化及精神文化，并留下了许多灿烂的文化遗址。其后大约在 5 万—1 万年以前，随着东亚晚更世最后一次冰川期的逐渐消融，在漫长的岁月过程中，又逐渐东进、北上迁移、扩散，进一步由具有多态性的 Y 染色体单倍型 H_5，逐渐演化成 H_6、H_7、H_8、H_9、H_{10}、H_{11}、H_{12} 的 Y 染色体单倍型人群。其后，又经过漫长的岁月，并被自然环境逐渐塑造成以农耕稻作为主体，辅以渔业、畜牧业为经济生活及文化生活的群体，形成了以长江流域及其以南至沿海一带为中心的"蒙昧古越文化圈"，这一人群，即是在新石器时代逐渐发展形成的百越民族族群。再后，在漫长的岁月里，这一群体又继续发展、扩散、迁移，北上黄淮及沿海，经山东、辽宁至朝鲜半岛渡海到东瀛；或从长江三角洲江浙一带的滨海平原（在晚更世最后一次冰川期的晚期，即"大理冰期"，据 1992 年张兰生研究：当时海平面比现今海平面低 150m—160m，东海与黄海大陆架，大都露出水面，成为陆地滨海平原，仅隔一条不宽的海沟，与东瀛相望），东渡到东瀛；向南，沿海从东南亚大陆又向东、向南发展，逐渐进入西太平洋群岛，以后又形成了仍具古越文化特色的"泛越文化圈"。这些都被分子人类学、分子遗传学及考古学资料所证实。布洛陀、姆洛甲应是这"古越文化圈"及"泛越文化圈"时代拟人化的始祖神。

现代人从非洲走出向东进入西亚阿拉伯半岛后，据美国斯坦福大学王维嘉博士研究，其中一支大约在 3.5 万年前向北进入中亚伊朗高原，这支人群，因所处自然环境条件较差，进展较缓慢，其后向北、向东进入土库曼斯坦、乌兹别克斯坦、哈萨克斯坦大草原，再向东到了蒙古，其中一分支向南折向中国。而笔者根据晚更新世时地形地貌及自然环境条件分析，其中的又一分支可能是进入新疆准噶尔盆地，经吐鲁番盆地，向东进入甘肃河西走廊，最后到达黄河中上游及关中平原地区，自然环境条件相对较好，并长期驻留下来，孕育发展形成即 Y 染色体单倍型 H_2、H_3 的人群，其后继续发展，逐渐形成以后的中国西北部及北方以畜牧业及种植麦、薯、稷等旱地作物为经济生活的氐羌族群（含汉族先民）。

论封建社会男尊女卑时期布依族妇女的社会地位

梁永德

在中国历史长河中,封建社会占据的时空是极为漫长的,具有数千年的历史。这在地球家族中真是绝无仅有。当世界上诸多国家展开了工业革命,跨入了资本主义社会时,中国依然慢腾腾、一步三摇地走着封建之路,一直到1911年,这座建立了数千年、空虚得只剩腐壳的大殿终于倒下。

在封建社会里,沿袭着千古不变的"君臣父子"之道,沿袭着男子至上的信条。妇女的地位极为低下,做官无权,读书无望。就连自己的婚姻大事也没有决定的权力。通过布依妇女悲伤的婚姻史实,可以窥见在封建社会时期的中国妇女的地位,这史实在布依古歌中得到了印证。

在封建社会里,大多数布依族女孩,儿童时便由父母做主,听从媒妁之言,小小的年纪便被许嫁与素不相识的男孩。待她们稍稍长大一点,方知自己早已许配与人。长到十七八岁时,成了一位婀娜多姿、亭亭玉立的少女。她在"浪哨"场上独领风雅,与自己的白马王子情投意合,但情深意合只是意识上的概念,是心理暂时的满足。因为在早时便莫名其妙地许配给相互间没有一丁点儿感情乃至不认识的男子了。她们被封建制度的大网、家族家庭形态的中网,以及多年来形成的习俗小网,盖得严严实实,这是一个牢不可破的牢笼。貌若天仙的少女,就像一只小鸟在牢笼中拼命奋飞,但却是徒劳的。无奈,只好用布依古歌来倾诉自己的忧伤。

> 我三岁被许配了别人,
> 我五岁便成了别人的媳妇。
> 三岁懂什么?
> 五岁懂什么?
> 我的命运老早被决定了。
> 我的爱情被分开了。
> 我能怎么做?
> 我能怎么活?……

这首古歌反映了布依妇女对于封建婚姻的不认可,但又找不出如何摆脱这可恨的枷锁的办法,体现出一种无可奈何的心理。

是的,人类是最讲感情的,情感是坚实而又韧性十足的精神支柱,是美丽心性的根与魂。然而,这根与魂被无情地剥离了,分开了,这不是残酷无情吗?这是一场难以容忍的悲剧。虽然这种悲剧早已降临在她们的身上,但她们没有忘记情感,反而更积极地在"浪哨"场上寻求自己的爱,她们唱道:

> 只有赶场天心情才愉快,
> 只有在"浪哨"场上才开心。
> 朋友去吧!朋友走吧!
> 去寻找自己心爱的人,
> 去与自己心上人谈心。
> 把苦闷丢掉,
> 把痛苦丢掉……

于是,她们在树荫下,在小溪旁,与自己的心上人诉说自己的不幸及痛苦,倾诉自己的心声,表达出对对方的爱慕,真是依依不舍。

　　依依不舍，难舍难分，不舍也得舍，难分也得分。因为封建社会不允许他们在一起，习俗不允许他们在一起。他们心里像有一个五味瓶被打翻了，酸甜苦辣全具有。却又无奈地，一步三回头地回到父母的身旁，扮演着儿女的角色。在激烈的思想斗争中，她们为了自己的自由及幸福，勇敢地向封建制度及意识挑战，向父母表明自己不同意这门亲事，向夫家提出退婚。得到的结果是"不准"！一次又一次地提出退婚，一次又一次的"不准"。她们犯难了，只好到"浪哨"场上向自己的心上人哭诉。

> 我提出退婚，
> 我向父母说，
> 父母不答应。
> 我向哥嫂说，
> 哥嫂不表态。
> 我向夫家说，
> 夫家不答应。
> 于是我问天，
> 老天不开口。
> 于是我问地，
> 土地不说话。
> 只好来找你，
> 哭出泪花花……

　　这首"浪哨"场上的布依古歌，说明在封建礼教的约束下，布依妇女是多么的无助，叫天天不应，问地地不灵，说明封建制度的网，结实得难以冲破。

　　在多次退婚不成的情况下，他们只好逃婚。逃婚是两个恩恩爱爱的恋人，为了反抗封建制度下的包办婚姻或买卖婚姻，秘密逃到外地共同生活。

在封建社会里，各部落、各军阀、各党派各自为政。从这个部落逃到另一个部落，从这个领地逃到另一个领地，都容易得到当地集团的保护，这给逃婚者提供了一个成婚的机会及安身的场所。布依古歌唱道：

> 我们去吧！
> 我们走吧！
> 去到一个没有人烟的地方，
> 去到只有快乐的地方。
> 去那里生活，
> 去那里成家。
> 成家好好过，
> 没田没地也快乐……

逃婚是一种反封建礼教的好方法，但逃婚者逃到外地后一无所有。还经常受到当地人的歧视，受到当地财主的残酷剥削。并在很长时间内，不能回原地同家人团聚，恐遭迫害，连原来的亲戚朋友也难见到，大半辈子在异地过着艰难的生活，这是痛苦及悲伤的事。但有了爱情，再苦再累他们心里也是愉快的，因为心理的满足、精神的快乐，也许比物质享受更高一层吧！古歌曰：

> 三块石头架口锅，
> 山坡野菜来凑合。
> 高楼大厦哥（妹）不爱，
> 愿同情妹（哥）住岩脚。

岩脚与大厦的差异何等之大，野菜及佳肴何等之反差。为什么要选择岩脚及野菜呢？大厦不是挺舒服吗？佳肴不是很可口吗？原来，大厦及佳肴不能代替情感及自由。反之是束缚的绳索，是囚人的牢笼。佳肴吃在肚里，苦在心里。三百六十五天，天天受压抑；一年十二月，月月受痛苦。大厦何佳？佳肴何美？

新中国成立后，在伟大的中国共产党的领导下，布依妇女同全国人民一道翻了身。实行自由婚姻。大家过着自由、幸福、美满的生活。过去令人悲愤的买卖婚姻一去不复返。感谢共产党，人民得翻身，婚姻得自由，这真是一件大快人心的事。

会泽壮—布依民族悠久历史与灿烂的传统文化

李有开

前言

会泽县位于金沙江下游，云南省东北部，面积 6 077 平方千米，属曲靖市，地处云贵高原的滇东高原与黔西北高原结合部，位于乌蒙山主峰地段，地势南高北低。境内主要河流牛栏江属金沙江水系，属乌蒙山主峰地区，沿江地形切割厉害，山路崎岖，交通条件较差，境内居住有回、彝、壮—布依民族、苗、白等少数民族。百越后裔："壮—布依民族"主要沿牛栏江沿岸居住。

在新中国建立之前，中国的民族成分和族称是混乱的。自1950 年起，民族识别将全国提出的 400 多个民族名称归统为 55个少数民族，尚有未识别民族。20 世纪 80 年代，云南北部金沙江流域地区的自称"布依"而他称"仲家"的各县、市、区，各自自行其是，有将他称"仲家"改为自称"布依"的，也有将他称"仲家"改称为"壮族"的。会泽县及东南边的宣威市将他称"仲家"划归为"壮族"；而会泽县西边巧家县、鲁甸县、金沙江对面的四川凉山州宁南县及会泽县西南边的昆明市东川区、东北边贵州省威宁彝族回族苗族自治县，都将他称"仲家"划归为自称的"布依族"。本文中会泽县牛栏江畔百越民族的后裔，他称"仲家"，自称"布依"，而行政上划归为"壮族"的，统称为

"壮—布依民族"。

　　劳动人民是历史的创造者。会泽壮—布依民族是牛栏江畔世居少数民族,是古老的百越民族的后裔,他们历尽艰辛,在牛栏江畔未被开垦的处女地扎根、安家、垦殖、发展、繁衍,为会泽县社会发展做出了巨大贡献。会泽壮—布依民族自古以来就有着古老的语言文字及典籍、神秘的自然崇拜及信仰文化、独特的服饰文化、隆重而端庄的婚丧风俗、礼仪禁忌文化、丰富多彩的节庆歌舞乐文化等等。源远流长的历史记忆将壮—布依民族人民血脉相连;底蕴深厚的壮—布依民族传统文化,使民族兄弟姐妹同舟共济,欣欣向荣,向前发展。

一、会泽壮—布依民族分布情况

　　"各民族大杂居、小聚居,交错居住"是我国的民族分布特点。班固《前汉书·沟洫志》载:"百越者,以其水绝壤断也。"①这就说明百越聚居在水边并善于利用水作为屏障。会泽壮—布依民族喜山好水,有"山水民族""水边民族"之称。会泽县壮—布依民族一般沿江河两岸有山有林有水的半山区和部分槽箐区居住。因此,主要分布于流经会泽县的牛栏江流域沿岸地区,如大井、马路、乐业、罗布古、梨园、迤车、雨碌、老厂、大桥、五星、田坝、娜姑等乡镇。从分布上看,几乎分布于会泽县全境,特点是大分散小聚居,其中以大井镇、马路乡分布较为集中,在乐业、罗布古、迤车、梨园、田坝、娜姑等乡镇亦有大量分布。

　　在会泽境内居住的壮—布依民族姓氏,据民间老乡介绍及县民宗局参考资料,有吴、罗、杨、王、余、顾、赵、陈、潘、何、刘、陶、李等姓氏,其中,吴、罗、杨、王、余姓氏较多。

　　罗姓多聚居在大井镇的下寨、罗布古镇的横山罗家湾,马路

---

① 《前汉书》卷29《沟洫志》。

乡的马路、龙洞，娜姑镇的红泥、盐水沟，梨园乡的坪洞，田坝乡的打扯沟；吴姓多聚居大井乡的黄梨树的湾子、滴水岩、洪家村、吴家村，娜姑镇的盐水、沟大坪子，田坝乡的水淹圹，乐业镇的团坡，纸厂乡的大石板；杨姓多聚居在马路乡的龙洞，大井镇的盐圹、杨家村、小龙潭，马安的半坡，梨园乡的阿里窝，迤车镇的阿都、小河边，田坝乡的打扯沟、白马箐，火红乡的勺冲角小晏沟，纸厂乡的大石板；王姓多聚居在乐业镇的鲁贝王家村、团坡；顾姓多聚居在罗布古镇的横山罗家湾，马路乡的龙洞，梨园乡的坪洞；潘姓多聚居在梨园乡的阿里窝，迤车镇的中寨、迤北，火红乡的火红；余姓多聚居在田坝乡的清河老村子；赵姓多聚居在大井镇德白下寨的阳山；何姓多聚居在大井镇黄梨树的四开门。陈、陶、刘、李等姓氏在一些乡镇的村寨均有居住。

二、会泽壮—布依民族之悠久历史

会泽县壮—布依民族是古百越的后裔。唐·张守节《史记正义》载："又使尉陀、屠雎将楼船之士南取百越。"①秦始皇两次南征百越，第一次由屠雎领三十万大军南征百越，在广西兴安一带被百越多次大败，全军覆灭；第二次由赵陀率军，先修灵渠，沟通湘、桂两地运送粮草，从岭南分五路进攻百越，公元前214年，秦军统一岭南，至此岭南百越之地归入秦王国版图。

然而短命的秦朝很快被陈胜、吴广、项羽、刘邦等起义军推翻，赵陀在秦灭亡后建立起了自己的政权。西汉司马迁《史记·南越列传》载："南越王尉陀者，真定人也，姓赵氏。秦时已并天下，略定杨越，置桂林、南海、象郡……秦已破灭，陀即击并

---

① 《史记正义》卷112。

桂林、象郡，自立为南越武王。"① 汉高祖刘邦立赵陀为南越王。到了汉武帝时期，汉武帝经略西南夷，前 111 年（元鼎六年），汉王朝击破南越。百越民族实体并未消灭，并在新形势下向前发展，经历多朝多代，形成今天的侗泰（壮侗）语族民族，成为新中国 56 个民族的一员。至今，东南亚的泰国、老挝、越南、缅甸及印度阿萨姆邦等国家或地区，均有百越民族后裔分布。

关于会泽壮—布依民族的族源，学界的学者莫衷一是。大多数学者认为会泽的世居先民是彝族，壮族是后来才迁入的，而迁入的具体时间却不得而知。民间的传说、族谱、家谱等也是追溯民族来龙去脉的重要依据。我们从民间世代流传的传说和族谱、家谱等亦可窥视一二。

会泽壮—布依民族有自己辛、酸、苦、辣、甜的迁徙历史。会泽壮—布依民族各姓氏历代的先祖们，在古时的封建朝代，由于所处时代的社会制度不同，广大的劳动人民特别是少数民族同胞，政治上没有平等自由的权利，在经济生活、土地等主要生产资料被地主、资本家所占有，劳动人民要以昂贵的租石向那些土地的占有者租种，在科学又十分落后的社会背景下，农业收获入不敷出，劳动人民时常处在"一年生活半年荒，半年生活掺菜糠"食不饱腹的悲惨境地，并还要被抓兵派款，再加上那些社会又不稳定，时常发生战乱、灾荒和对少数民族的歧视、压迫及驱赶，在饥寒交迫无法忍耐的情况下，从祖籍南京被迫四处搬迁。南京是古代古吴越国之地，是古越人的根据地，越人后裔很多从祖籍南京迁徙，不足为奇。

大井镇的吴、罗、杨三姓的先祖是三表弟兄，为了方便开亲，暗地悄悄商量，从祖籍南京相约，首先迁到贵州的毕节，从毕节搬到威宁的瓦闸河，从瓦闸河搬到宣威的西泽、务德。雍正

---

① 《史记》卷 113《南越列传》。

元年（1723年）才迁到会泽境内（现在的大井镇牛栏江边的大山包一带）。据说，当时牛栏江沿岸一带是无人烟、森林密布，是野兽出没之地，因有山有水可开荒种田地，种植水稻有粮食，种植棉麻能纺线织布有衣穿，才定居此地。由于勤奋耕耘，大力发展生产，传说，"在人丁兴旺鼎盛时期，一个炎热的夏天，大伙一齐把水牛赶下河里让牛洗澡，牛下去一齐挤着睡在水里把江河的水给堵断了，牛栏江就由此得名"。

田坝乡余姓家族90多岁的余培祯老人说："余姓的祖先原在南京应天府高石坎柳树湾。那时，因当地的官府地主豪绅对他们民族的歧视、欺压和剥削，他们的七先祖（弟兄第七个）带头反抗，那些地主豪绅官府对他们恨得要命，下令要捉拿他们，七先祖闻信后，带着家口立即连夜逃出，以乞讨要饭为生，经数月行程数千里逃到云南。雍正元年（1723年）首先落脚在寻甸、东川两县交界处的尹武，即现在的新发村。"

马路乡龙洞一位87岁的杨姓老人说他们的"先祖是雍正二年（1724年）迁到会泽的，首先落脚在硝厂的马玉恨，在硝厂住了几代人，农闲时外出打猎，发现龙洞水源好，便于改田栽稻谷，种麻纺线织布，才又从硝厂搬到龙洞给马家租地种，到龙洞至今已是十多代人了"。马路村一位退休的罗姓老人说他们"是京州迁来的，首先落脚在棠梨树后到贵州的普安，再从普安迁入会泽的乐业槽子，有的到其他地方，往后才搬到马路、龙洞等村寨定居至今"。由于内部相互开亲，亲戚往来相互了解，其他几个姓氏也陆续搬入马路乡境内的村寨。

乐业镇的鲁贝王家村88岁的王兴武老人介绍，他们是南京应天府迁来的，到他这一辈已是十二代，他现在已经当老祖了，证明乐业壮—布依民族的王姓迁入会泽已是十五六代人了。

居住在娜姑、迤车、梨园、火红、纸厂等乡镇的壮—布依民族，他们的祖籍和迁入会泽的历史，与前面所述乡镇的大体相似。说明居住在会泽县境内的壮—布依民族,多数是在明末清初先后迁入会泽的,到现在已有近三百年的历史。迁入会泽的时间已有几百年,但追溯会泽壮—布依民族自古以来的社会历史变迁,作为百越的后裔,其历史渊源可谓是源远流长。

三、会泽壮—布依民族之灿烂传统文化

（一）古老的语言及经典的文字典籍

1. 语　言

民间语言是一种民俗现象,"民间语言为民众长期传承和沿用,使民间文化得以顺利传袭"①。会泽壮—布依民族有本民族语言,属古老的百越民族语言,民族识别时,会泽地区自称为"布依"而他称为"仲家"的被划归为壮族,因此,壮—布依民族语言归属壮语。壮语属汉藏语系壮侗语族壮傣语支,分为北部方言和南部方言。壮语"南、北方言间语音的差别较明显,词汇有些差异,语法基本一致"②。经田野调查,现今与汉族杂居住于市集的会泽壮—布依民族多数不会讲壮—布依语,只有少数老人能说一些基本词汇;而居住于较偏僻的山区的壮—布依民族还保留有较完整的母语。比如大井镇四开门、湾子村、德白中下寨;马路乡龙洞村等村寨,百姓在家里还讲壮—布依语。

会泽壮—布依民族通过本民族语言进行沟通交流,也在历史的长河中利用语言创造了民间口头文学。如有开天辟地、人类的起源、大自然的起源、洪水和人类再繁衍、图腾及神灵崇拜、英雄人物、文化起源等方面的民间神话;有关于特定的人、地、事、物的民间传说;有涉及动物、幻想、生活等方面的民间故事及笑话等。另外,云南各民族多数也通过语言符号来传播宗教和

---

① 钟敬文:《民俗学概论》,上海文艺出版社2009年版,第303页。
② 王均:《壮侗语族语言简志》,民族出版社1984年版,第24页。

宗教文学，会泽壮—布依民族亦不例外。

2. 文字典籍

会泽壮—布依民族文字典籍与宗教有着密切的联系。用来记录宗教文学的文字有两种，由本民族民间知识分子布摩所掌握和运用。第一种是古老的约3000年以前的"古百越文字"，第二种是秦汉—隋唐时代产生并逐渐发展成熟的由汉字结构为基础而创造的"方块文字"。布摩们在宗教仪式及社会生活中，运用这两种不同时代的文字来记录和传播宗教文学（易经八卦、天文、地理、历算、测吉），从古至今长盛不衰。第一种古老的"古百越文字"文献典籍，会释读的老布摩们因年岁高而先后去世，现今还在世会释读的老布摩，年老体衰，人数稀少，且多在80岁左右，成为少之又少的宝贝了。

摩经是一代又一代布摩在宗教仪式上使用的经书，多为手抄本，比如在丧葬中妇女的《哭调》便有用"方块文字"记录的手抄本经书，它既是宗教的形式又是民间文学的内容。摩经：壮—布依语称"司摩"，"司"即书，"摩"是进行宗教仪式时念诵——诵经，即诵经的经书。会泽壮—布依民族的摩经是很系统的。大致可分为"殡亡经"和"一般杂经"。"殡亡经"类是用于丧葬活动中超度亡灵的典籍，如《安葬从权法》等；"一般杂经"是指除"殡亡经"之外用于驱邪、祈福、禳灾仪式中的典籍，如《择日通书》《天罡六壬时》等。会泽壮—布依民族摩经内容丰富，以"方块壮字"经书居多。

（二）神秘的原始自然崇拜及宗教信仰

1. 原始自然崇拜

原始自然崇拜及信仰，是会泽壮—布依民族先民古越人，在远古时代，由于对科学技术无知，人们对其赖以生存的地球的各种与生产、生活息息相关的自然物和自然现象，无法解释，无力与之抗争，为了生存和发展，产生了敬畏大自然、尊崇大自然、顺应大自然、爱护大自然、保护大自然、利用大自然，与大自然和谐相处的万物有灵、灵魂不灭的自然神灵崇拜。认为自然界到处都有神灵，无时不在，主宰一切。人的命运、庄稼的丰歉、人畜安危、人生祸福、办事的成败等都与神灵有关，所以要用供品定期祭祀，否则会遭灾害。这种自然崇拜及信仰，特别是自古以来以农耕稻作赖以生存及发展的会泽壮—布依民族民间，从古至今广为流传，长盛不衰，家喻户晓。如祭山神、祭田、祭后土等。

祭山神：祭日一般在正月初一、二、三、四，并选属龙属狗日，祭坛一般在村后选择一棵较大而有代表性的大树，在树根部设有简易的贡桌，有的还支砌成简易的山神庙，祭前各户恭心带些茶、酒、肉、斋饭和香纸，祭时点好香把所要祭的贡品摆在石贡桌上，由布摩或长者率众下跪，用壮—布依语或汉语祷告，祭词的大意是："村人喜喜欢欢来祭山，祭品有茶、酒、肉和斋饭，敬献山神土地公公，保佑我村人丁兴旺，风调雨顺，六畜满山，五谷满仓"。祭毕各户所带的贡品集在一起，大伙礼礼节节、文文雅雅地吃饮。

祭田：时间在六月初六或九月初九，一般用鸡肉、猪肉和茶、酒、斋饭，烧香化纸磕头祭祀，祷告词大意是："祈求田公地母保佑，庄稼不遭灾，雀鸟野兽不吃谷，不生病虫害，穗多粒饱满，秋收五谷堆满仓"。祭毕把棕衣翻过来倒披着，手拿桃条柳棍转田埂，走一段插一根桃条柳棍，以示驱赶庄稼的病虫害。

祭后土：时间在清明节和老人安葬后，主要在本族祖坟塘和单独亲人的坟墓后面，择一棵较好的大树作墓龙树也称后土碑树，墓龙树为地脉龙神，墓基的保护者，因此要先祭龙树后祭坟墓。

2. 摩教信仰

"宗教与文学产生于原始初民代偿性满足的心理需求。"① 摩教是会泽壮—布依民族先民在长期的历史发展过程中产生和发展的神灵崇拜观念、行为习惯和相应的仪式制度，凝聚所有壮—布依民族人民智慧结晶的传统宗教。摩教由布摩传承和发展，布摩们无论居住何地，属何教派、师班，均尊奉布洛陀为开山始祖。此外，摩教是包容、储藏、沉积会泽壮—布依民族丰富的传统文化的"储藏库"，而摩经作为民族文学的载体的同时，囊括了整个民族文化。

摩教有较系统的经典。会泽壮—布依民族称"司摩"。在会泽县民间布摩手中，具有两种文字记载的摩教典籍。第一种是用很古老的约3000年以前的"古百越文字"记载的摩教典籍；第二种是用秦汉—隋唐时代产生并逐渐成熟的"方块文字"记载的摩教典籍，均属"国宝级"文献。第一种"古百越文字"典籍属"国宝中之国宝级"文献，因为其古老而历经坎坷，由于各种社会原因，被收缴、销毁或流失，现今保存于民间的已经不多了，并且现今会释读的老布摩，因年迈体弱多病，相继去世，现在会泽县在世的会释读的老布摩，也已是稀罕之"国宝级"人物了。因此，抢救、收集、整理、研究、传承及弘扬会泽县摩文化典籍，迫在眉睫，刻不容缓。

布摩在施行宗教礼仪时，有比较固定和规范的宗教礼仪，如超度亡灵的殡亡仪式活动，就要经过"请师""祭棺""开丧""转场""送仙""嘱咐"等几个程序，每个程序还有若干小程序。祈福、驱邪、禳灾等"一般杂经"也是具有规范化的小型仪式。布摩们认为：必须遵循代代相传沿袭的仪式程序、规范和禁

---

① 蔡毅、尹相如：《幻想的太阳——民族宗教与文学》，云南人民出版社1992年版，第66页。

忌等，否则就达不到所欲想达到的目的。这种摩教的信仰，在会泽壮—布依民族民间的生产、生活及社会活动中，从古至今，广为流行及传播，已经成为会泽壮—布依民族全民信仰的摩教文化传统了。

（三）清新雅丽的民族服饰

服饰表现民族的自我意识，民族自我意识"是各民族在形成和发展过程中凝结起来的表现在民族文化特点上的心理状态"①。是"同一民族的人感觉到大家是属于一个人们共同体的自己人的这种心理"②。各民族独特的服饰是一个独有的心理状态的视觉符号，传递族内人共同的心理上的归属和认同。

会泽壮—布依民族的传统服饰，女子、中老年多喜欢身着青蓝颜色并镶有多种不同颜色的托肩、袖子、裤脚的花边衣裤，和系有青蓝色布镶彩带花边的围腰，平时劳动时多系麻布围腰，头包青蓝色头帕。青少年女子，一般上装多穿各式各样花瓣镶托肩、袖子滚多道花边的长短袖大襟衣，下系镶有各色花瓣花边的长裙，并有各式花色彩带的绣花围腰及花飘带，头戴镶有金、银、玉、宝石、海巴等饰物的帽子，或加绣有各种花纹镶有各类彩色花带的青蓝色顶巾，并配戴金、银、玉等的戒指、手镯、耳环。

现在一些较为聚居的村寨还保留着这样的服饰，逢红白喜事特别是白事，一些中老年妇女还穿戴出来，以示本民族的古朴历史和对已逝老人的孝忠和敬奉。20世纪80年代改革开放以来，因受外来文化影响及经济大潮冲击，年青一代多外出打工，穿着流行装。在庆祝民族节日的时候，才穿着民族服装，而平时的生产及生活中则多穿普通简装。

---

① 《中国大百科全书·民族卷》，中国大百科全书出版社1986年版，第306页。
② 费孝通：《关于民族识别问题》，载《中国社会科学》1980年第1期，第155页。

（四）温文尔雅的人生仪礼和礼仪禁忌

1. 婚姻仪礼

"人生仪礼是指人在一生中几个重要环节上所经过的具有一定仪式的行为过程。"① 人生仪礼有诞生礼、成年礼、婚礼和葬礼。会泽壮—布依民族尤以婚礼和葬礼最为隆重。会泽壮—布依民族实行一夫一妻制，在结婚过程中又有讨亲、哭嫁、贡喜神、挂红、拜堂、不落夫家等6个程序。

择偶：壮—布依民族的婚恋以自由恋爱和父母做主相结合，但订婚结婚必须经父母同意。择偶除平时在一些婚丧喜事场合中相识外，主要是每年的农历"三月三"，它是壮—布依民族一年一度最隆重的节日，男女青年乔装打扮穿着节日盛装，选择在风景秀丽的江河沿岸或山川优美的地方，游玩、谈情说爱、对情歌，通过对歌、抛绣球等活动，青年男女相互了解认识，情投意合、暗定终身。在这些活动中，男女双方都有了结对的意愿或情感，男方就会给自己的父母讲，若父母同意，就要请媒人（红爷）到女方家提亲。

讨亲：婚期一般择在冬腊月，讨亲者不论路程的远近均需在女方家住一夜。接亲的到女方家堂屋贡桌上点燃香灯，以茶、酒、肉、饭祭祀天地祖宗，祭祀时先由女方的当家人祭拜，接着讨亲的红爷女婿跟着拜，此时新娘和小伴们要向红爷讨"花粉钱"，向新郎讨"喜酒钱"，钱的数目不在多少，而是为了增添气氛。

哭嫁：一般是哭三次，第一次是讨亲人马到来之时，第二次是鸡叫天亮时，第三次是出门上马上轿起程时。新娘上马上轿须由胞兄或堂兄背出门扶上马，这时新娘要哭。哭有传统的"哭嫁歌"，内容大意是感激父母的养育之恩和数说难舍父母兄弟姊妹

---

① 钟敬文：《民俗学概论》，上海文艺出版社2009年版，第156页。

之情。

贡喜神：当讨亲人的马快到男方家的大门之时，新郎要将新娘的两块毛巾赶在之前送回，交给布摩作"回车马"祭祀用。大门外摆放一张桌子，桌上放着装满粮食的斗，插上三炷香、贡三杯酒，将新郎新娘的毛巾、火麻皮、麻布各两块放在斗上，布摩念十二段《回马经》后，新娘才能进入大门直至洞房。新郎要花三角陆分钱（银元）请背嫁妆的人把新娘背进洞房，大门外"回车马"的斗也要端进洞房并放置于嫁妆柜上，叫作"贡喜神"，要贡三天。

挂红：每条红布约一丈二尺长，挂红时间是去讨亲的头天晚上，即"花枝会"晚上，要把东家自备的和亲朋好友赠送的红布，首先挂正堂和大门各一条，其余全部挂在新郎身上。挂红时要香火、灯花满堂，宾客座无虚席，先由布摩或长者口封"吉利辞言词"。伴郎为新郎挂红、一边挂红一边讲吉利的话语。

拜堂：拜堂要请二老双全而又儿孙满堂的长辈领拜，分男左女右，领拜的长者跪在前面，新郎新娘由陪郎、陪女招呼依序跪在后面，由司仪喊：一拜天地，二拜祖宗，三拜长辈及亲朋好友，夫妻双双相拜的三拜九叩礼。

不落夫家：不落夫家是古代流行于中国南方百越民族分布地区，如贵州、云南、广东、广西、福建（惠安一带）等及某些少数民族地区的古越人习俗。云南会泽壮—布依民族有新婚"只拜堂、不同床"，新娘三天"不落夫家"的习俗：拜堂后的新娘新婚三天，安排两个陪女和新娘睡，新婚三天后回门，由男方的父母将新儿媳和送亲的一起送回娘家，并赠给亲家二老两件布，到次年，娘家择个双月双日，父母将女儿送到婆家，并回赠亲家两件布，至此女方就"落夫家"了。

2. 丧葬仪礼

报丧：如某一家的老人去世，死者的子女特别是长子要及时向本族族长或长者禀报："我母（父）今夜几时去世，小的前来禀告……"长者应立即到场，一要安排人员赶死者的后家，二要带着孝子到村子的范围内挨家挨户地报丧，每到各户门前长者喊："孝子磕头！"孝子即下跪，被报人家及时出门以同情的心情把孝子扶起来，说些惋惜之言，以目相送。凡被报的人家一般带公鸡一只和数量不等的烟、茶、酒、香、纸、粮食到场，叫作"烧纸"和帮忙。

入殓：给死者穿衣服要用青蓝线为死者系腰，一岁一根，如死者是71岁系71根，盖脸布的眼、鼻、口外要剪通，入棺前由布摩或长者主持，用鸡和桃条柳棍扫棺后方能入殓。灵柩放堂屋正中，顺梁停在中柱线上，若还有一个老人健在，只能停在中柱线靠门这边。灵柩靠贡桌方为内上铺，为女孝子守灵处；灵柩靠大门一方为下铺，是男孝子守灵处，孝子一律要披麻戴孝。出殡前的两三晚上要请布摩或阴阳先生给死者念《指路经》《开路经》，先生念毕后众亲友齐唱孝歌示哀悼死者。灵柩的停放也有的姓氏跟其他民族一样迎大门停放。

出殡：由布摩或先生择出的吉日吉时出殡，吉时到由先生高呼："吉时到，出殡！"孝子们男前女后，以长子为首，手抱灵牌和衣禄罐，其余孝子依秩序跪成一路纵队从门外至院坝，孝子的头均向灵棺，灵柩从身上抬过，并向前延伸往复三次，称为"搭桥"。下葬时由布摩或先生先用五谷在墓穴内画八卦符号，再用登棺鸡和桃条柳棍念咒扫墓穴后，灵柩才方能下葬。灵柩入坑后由儿孙们轮辈依次用衣裳的后摆襟兜土撒在灵棺上，往复各三次后，众邻乡亲才抱土掩埋和垒坟，纸火烧在坟旁，花圈插于坟周围，登棺鸡放在坟旁，三天后复山才抱回，养一周年才宰了祭祀已逝亡人。

3. 礼　仪

会泽壮—布依民族在长期的社会交往中约定俗成了一套独特

的民族礼仪：一是习惯于贡奉天地祖先及神灵：逢年过节婚丧喜事杀猪宰羊宰鸡，首先必须烧香磕头献饭后才能吃饭，即使是小孩饿了也得等着，否则是对天地祖宗神灵不尊；二是尊老爱幼、孝敬长辈，称父母以上长者为"一层天"；三是说话做事要谦虚：家庭内部要尊老爱幼、相互忍让、和睦相处；四是热情好客：会泽壮—布依民族认为"家顺燕来归，家宽客来潮"，即使有什么困难，也不能当着客人的面失面子，席间请宾客坐上席，敬烟酒、茶、传菜、添饭要先敬客人，宾客走时要以礼把宾客送出庭院；五是会泽壮—布依民族有传统的家规、族规和村规：在一个家族、一个村寨，如果有某人不孝敬父母虐待老人以及偷鸡摸狗等不正当行为，必受到众人的唾骂和家规、族规、村规的惩罚。

4. 禁　忌

会泽壮—布依民族在漫长的历史渊源过程中，为规范自己本民族的行为道德，积累了不少的规矩和禁忌。

正月初一忌泼水、扫地、梳头、理发、推磨和串门；正月初二三未出行前，忌出远门；正月初一至十六前，忌借债和讨债；忌肩挑空桶，空箩进门，示钱财两空而归；忌脚踏三脚架及灶台，三脚架不准三面塞柴，更不能把三脚架倒过来支锅，因表示人死才会这样做；忌进门把自己带的挎包等挂在中柱或供桌上；忌在长辈面前说脏话，跷二郎腿和摸长辈的头；忌坐门槛、靠中柱，坐要靠右边；忌在丧事未完以前，到别家串门和办事；狩猎、伐木、出远门的头天晚上忌行房事；家用楼梯挡数只能制单数不能制双数；葬老人、上祖坟、祭山神忌穿花色衣服；忌女性从匠人的工具墨斗、家用猎枪、斧子等上面跨过；忌不满月的产妇串门；死了人忌猫狗接近遗体和灵柩；忌砍伐村里的庙林神树，违者会给本户和全村带来不吉；忌添饭反手添，只有泼水饭才能这样……

会泽壮—布依民族的禁忌和摩教有着密切的联系。"生活在喀尔巴阡山区的胡祖尔人有这样一条规定,妻子不可以在身为猎人的丈夫吃饭时纺纱,否则猎物也会像纺锤般旋转,而难以击中……这样,我们就很清晰地看出,禁忌其实来源于相似律"[①]。禁忌是交感巫术理论的特殊应用,比如"忌进门把自己带的挎包等挂在中柱或贡桌上"就反映了对祖宗崇拜的敬畏,"忌女性从匠人的工具墨斗、家用猎枪、斧子等上面跨过"等禁忌也很清晰地说明了禁忌与相似律千丝万缕的联系。

(五)绚丽多姿的节庆及歌舞乐

1. 节　庆

"传统岁时节日,是民众集体创造的文化产品。它是古代信仰物化形态的一种遗留;同时,它也是一种生活的节奏,一种逐渐形成的自我调节机制。"

会泽壮—布依民族是"水边民族""农耕稻作民族""崇拜及信仰大自然与大自然和谐相处的民族",节庆文化丰富多彩,节庆内容都与民族特性有关;如春节初一、二、三、四祭山神,十五庆元宵;二月初二祭龙抬头,扫寨送瘟神;三月初三祭山祭水及盛大歌会节,初五为清明祭后土上坟节;四月初八祭牛王、祭龙王;五月初五端午龙舟节、初六祭虫节;六月初六祭田节;七月半祭祖节;八月十五赏新节;九月初九庆丰收五谷进仓节;腊月三十消灾喊魂节等等。

会泽壮—布依民族传统节日的形成与发展,经历了十分漫长的历史,也表现出了鲜明的农耕稻作民族、山水民族及自然崇拜、祖宗崇拜的文化特色,也折射出浓厚的伦理观念与浓郁的人情味,使本民族兄弟姐妹从中真切地体验到一种血浓于水的骨肉亲情,从而产生一种强烈的认同感、亲和力。

---

① 詹姆斯·乔治·弗雷泽:《金枝》,陕西师范大学出版社2010年版,第25页。

2. 歌舞乐

会泽壮—布依民族，喜庆节日以歌助兴，择偶选亲以情歌互通情感，农闲节假以歌舞盛会欢聚一堂。如婚姻、丧葬、爱情有不同类别的歌谣；婚姻喜事、建房、竖柱、节庆有吉利的赞辞；丧葬、祭山神、祭水、祭土地、祭龙王、祭祖先都有祭辞；赶病虫、送火星、驱魔赶鬼有各类卜卦和咒语。会泽壮—布依民族的音乐分声乐和音乐两类，声乐分大调小调两大类，大调是在家庭宴席老少都听的场合中唱的；小调是谈情说爱的调子，是男女青年在野外如"三月三"的盛会等场合中唱的。会泽壮—布依民族的山歌分五言、七言两种，每首以两句或四句为一段，讲究对唱。歌谣分苦歌、甜歌、生产歌、赶马歌、放羊歌、酒歌、划船歌、织布歌、哭丧歌、哭嫁歌、敬老歌、情歌等歌调，可谓无所不歌。

壮—布依民族舞蹈源于对狩猎的模仿，但它常与巫师酬神的活动密切联系。巫师敬神总是边跳边唱，乐神消灾祈福；壮—布依民族民间其他舞蹈，多模仿劳动动作。著名的有手帕舞、碗舞、棒棒舞、烟盒舞、花棍舞、花舞、十字舞等。乐器有笛、箫、月琴、二胡、三弦、唢呐，打击乐器有鼓、芒、钹、锣、大钹、小钹等。特别是会泽壮—布依民族民间的古老的铜鼓及铜鼓音乐闻名于世。

四、结　语

从会泽壮—布依民族的历史与传统文化田野调查中，可得出如下几点认识：

（1）会泽县牛栏江畔百越民族的后裔：他称"仲家"，自称"布依"，而行政上划归为"壮族"的，实际为同一民族，我们统称为"壮—布依民族"。

（2）会泽县壮—布依民族是开发会泽县牛栏江地区最早的世

居民族，他们有着悠久且艰辛而又可歌可泣的开发牛栏江流域会泽地区的渊源历史。

（3）会泽县壮—布依民族有自己古老的语言及文字。语言属于壮侗语族壮傣语支，北壮—布依语第三土语区语言。有国宝级古百越文字及方块壮字摩文化典籍。由于历史原因，特别是现今少之又少的古百越文字典籍，及会释读古百越文字典籍的老布摩，更是稀缺、珍贵。

（4）会泽县壮—布依民族有自己的民族信仰与崇拜。有敬畏大自然、尊崇大自然、顺应大自然、爱护大自然、保护大自然、利用大自然，与大自然和谐相处的万物有灵、灵魂不灭的对自然神灵的信仰与崇拜。

有摩教的信仰，在会泽壮—布依民族民间的生产、生活及社会活动中，从古至今，广为流行及传播，已经成为会泽壮—布依民族全民信仰的摩教文化传统。

（5）在会泽县壮—布依民族是一个讲文明，讲礼仪，讲道德，重感情，尊老爱幼，人与人之间和谐相处，敬重和崇拜祖先的民族。

（6）会泽县壮—布依民族有清新雅丽的民族服饰文化，有绚丽多姿的节庆及歌舞乐文化。

（7）会泽县壮—布依民族悠久的民族历史与绚丽的传统文化，由于历史原因，特别是20世纪80年代改革开放以来，受到经济大潮及外来文化的冲击和影响，消失的速度加快，因此，加快加大抢救、收集、整理、释读、研究、传承、弘扬及开发利用的力度，迫在眉睫。特别是对"国宝级"的古老的"古百越文字"典籍和会释读"古百越文字"典籍的布摩老人的抢救，是国家非物质文化遗产抢救工作的重中之重，否则将面临毁灭的命运，将是中华文化不可挽回的一大损失。

云南省丽江市宁蒗县永宁乡布依族调查研究

罗洪庆

2016年国庆期间，河口县布依学会我和王华武、白永英受罗祖虞教授的邀请，赴云南省丽江市宁蒗县永宁乡者波桥、拖枝、拉丁古开展布依族田野调查。10月1日到达四川省盐边县鱼门镇，2日住丽江市，3日下午到达宁蒗县永宁乡，由3日晚至5日上午开展田野调查，5日下午返程，6日到河口。

我们一行共有5人，还有云南民族大学研究生李有开。我们在布依族村寨受到布依同胞的热情接待，以布依族待贵客的餐饮招待，我们深深感受到天下布依是一家。受我们采访的人员有罗正云（农业局原党总支书记）、罗方银（53岁）、王树金（41岁）、杨方红（村民小组长37岁）、罗庆林（60岁）、王树军（41岁）、杨开元（60岁）、刘金发（50岁）、杨方才（50岁、布摩）、刘金才（布摩）、王开明（53岁、布摩）等10余人。

一、族别和迁徙

宁蒗县永宁乡布依族自称布依，但丽江市《民族志》这样说："丽江的壮族自称布锥、布吕、布依，汉族称他们为'仲教'、'仲家'。中华人民共和国成立后，通过民族识别，统称壮族。"《宁蒗县志》称土族布依节系。他们多数人的祖籍是贵州省贵阳、毕节的，少数人说是江西吉安府太和县十字街人，还有的说是郑州人，但迁到贵阳布依村寨住若干年后才迁来宁蒗县的，所以讲的是布依语，行的是布依风俗。据杨方才和王开明的口述，他们由贵州迁来宁蒗县已有 8 代人。如杨家的字辈是"正开成朝庭，方顺富贵金……"，是正字辈迁来的，现在开到富字辈。

二、民族语言和文字

宁蒗县永宁乡的布依族主要分布在高河坎、竹地、拉加、拉丁古、拉底、拖枝村委会、尼鳅沟村委会，总人口 1400 多人。人口虽少但民族语言却能传承下来，因受彝族和摩梭人文化的影响，说话时彝族口音很重，甚至布依语中夹杂少量彝语。1、2、3、4、5、6、7、8、9、10 读为垛、松、桑、色、哈、说、遮、别、口、这。下面记录 23 个词作例子，前词是汉语，后词是布依语：1. 吃饭——哏欧；2. 喝酒——哏劳；3. 吃菜——哏白；4. 走路——培新；5. 走——拜；6. 回家——倒拜；7. 房子——阿然；8. 鱼——巴；9. 水——嚷；10. 水牛——德歪；11. 黄牛——德织；12. 马——麻；13. 羊——荣；14. 稻谷——古戛；15. 包谷——拎龙；16. 荞子——靠（kào）戛；17. 唱歌——档昏；18. 月亮——茸喽；19. 星秀——老利；20. 天——兵；21. 地——囊；22. 云彩——扁伏；23. 你我他——蒙姑地。

文字是记录语言的符号，古百越文字的保存和传承十分艰难，永宁乡的布依族却能够把古百越文字传承下来。因"文化大革命"曾把摩书当做"四旧"和牛鬼蛇神扫除，到处收缴和焚烧。布摩冒着危险，将部分摩经和古百越文字收藏到"文革"结束。中共中央十一届三中全会后，民族文化遗产重见天日，老摩公又重新培养年轻的布摩来传承，真是了不起，古百越文字是布依的瑰宝，也是国家的瑰宝，是最宝贵的布依文化遗产。永宁乡泥鳅沟和拖枝村委会还有 3 个布摩，他们被称为先生，最大年龄60 岁，最小年龄 40 岁，他们能承担这一带布依族的民间礼仪，能用布依语诵读古百越文字经书，在当今时代是罕见的。他们使用的择吉书和天干地支都是古百越文字，遗憾的是摩公服和打击乐"文化大革命"被收缴损失，"文革"以后未能恢复，摩公服和打击乐因摩公经济困难无力制作。现在摩公做民间各种礼仪活动都是念经和做些傩戏动作。下面列举择吉书和天干地支中的部分古百越文字提供给读者阅览。

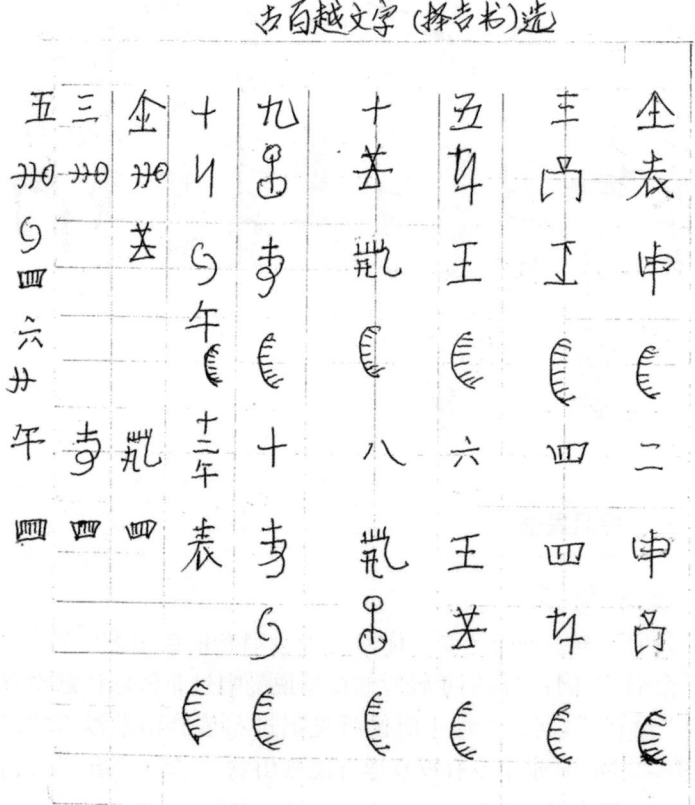

三、民风民俗

（一）民　歌

我们调查组询问老乡，你们是否会唱布依族山歌？答："我们不会唱。"问："你们年轻时候谈情说爱唱过布依族情歌没有？"答："没有。"问："你小时候听见唱过布依族山歌没有？"答："没有。"问："永宁乡有没有地方民族山歌。"答："有。""请你们唱一首地方民族山歌给我们听"。刘金才唱：

太阳出来照高山，高山脚下姊妹多。
姊妹多来好唱歌，弟兄多来好喝酒。
我的山歌多又多，八匹骡子驮上坡。
带头骡子打前尺，遍山遍野都是歌。

我们听后觉得有地方特色，但第一首歌不押韵。后来摩公王开明说他会唱布依族的婚礼迎客歌，这是一首布依族礼仪歌，很有布依族的特点，王开明和刘金才合唱，我们记录如下：

(二）服　饰

永宁乡的布依族，因人口少婚姻交叉现象较普遍，受周边彝族、纳西族（摩梭人）、藏族的影响，服饰有吸收其他民族特点的现象。男子头缠黑帕，上身穿对襟短衣或长衫，腰间左右两侧悬挂三角布带，下身穿长裤。过去穿草鞋或布鞋，现在穿胶鞋或皮鞋。女子未婚的头戴串珠，头缠蓝黑帕，已婚的和老年妇女包大头帕，上身着青色或紧身对襟短衣，袖口和衣襟嵌有花条，以前下身穿满裙，现改系围腰，后着青色、白色半边裙，围腰长度与裙的长度相等，系花腰带，颈挂项链、耳坠环。

(三）节日和饮食

据调查，永宁乡的布依族，过去的节日与贵州的布依族相同，过六月六、三月三。迁来宁蒗以后因人口少，受彝族、摩梭人文化的影响，逐步过彝族的六月二十四火把节，还过七月半，但七月半是大众节，过的民族很多。自己的传统节日已失传。

饮食：主粮以玉米、大米为主，兼以小麦、荞麦、洋芋（土豆）等。副食品有青菜、白菜、萝卜、瓜、豆等。肉食有猪肉、羊肉、鸡肉、鸭肉、牛肉。那里地广人稀，特别适合发展养牛和养羊，现在每户都养五至八头牛，养几十只羊。肉类十分丰富，但食肉很不讲究调料。他们有两种特色菜，一个是杀猪、牛、羊时，将小肠、肝用火烤黄后，碾成粉和调料放入生血中食用。另一道菜是杀鸡时，打生鸡蛋调匀，放适量盐巴和调料，倒入鸡血中捣匀蒸熟食用。

(四）婚俗丧葬

永宁乡的布依族，过去的婚姻缔结，是父母做主，青年男女顺从。婚姻的全过程分说亲敬神、订婚、看日子、送日子、接亲、送亲、回门等。第一个程序说亲，父母看中哪家的姑娘，就告知儿子，若儿子不那么喜欢，父母就劝说，同意后就请一个亲戚或叔叔带一瓶白酒到女方家说亲敬神，布依语称"老郑道"意为敬锅庄。第二个程序订婚，布依语称"热老当姐"男方委托一个背脚和媒人带8件小布、20斤大米、12斤白酒、4公尺离娘布、1.2尺红布。红布由女方家收藏，待姑娘的母亲去世时作盖脸布。订婚的这一天，女方将近亲召集来吃订婚饭。女方杀一只公鸡和一只母鸡，公鸡头和公鸡腿用来敬媒人，媒人选择女方的一个长辈，敬他一杯酒，请他看鸡头。母鸡的两只腿砍来敬背脚，背脚又用来敬女方的一位长辈。看日子，就是择结婚日期，看日子按旧习俗，新娘的属相不能冲着新郎，罗姓属狗日禁结婚，其他姓氏属牛日、属羊日禁结婚。婚日择定后，由媒人带一斤酒去通知女方。布依语称"桑爱文"。接亲之日，男方家请9个男子（其中2人吹唢呐）去接亲，带去的彩礼有香烟若干条、白酒12斤，新娘装若干套。9人牵马4匹同行。有一匹是安排新娘骑，有3匹驮礼物。新娘接到家，第二天要回门。

丧礼，老人去世，要请摩公超度，唱孝歌。葬礼十分隆重，媳妇的后家，要牵牛拉羊来上祭，后家牵来的牛羊，先交给摩公做仪式念经，再转交给主人宰杀祭献亡人。

（五）房屋建筑

住房多为土墙平房或瓦房，一般设三间，中间为正堂，供奉天地及祖先；左间设灶房，供灶君；右间为卧室，存放贵重物品。粮仓一般设在屋檐下，房子的坐向有的依山形而定，有的按属相而定。畜禽圈建在正房之旁，有鸡、马、牛、羊圈。旧时建房多为土木结构，草或木板盖顶，现在多为土木结构，瓦盖顶或平房。建新居要请布摩择吉日开工，乔迁新居也要请布摩择吉日念经，并举行"进火礼仪"，进火时要提水和火种。

21世纪之初古百越文字发现、初步整理、研究及其意义

罗祖虞　陈　燕　雷金福

一、21世纪之初新发现、确认及研究的古百越文字

（一）壮族古骆越文字的发现及认定

2006年，感桑村农民潘荣冠，在感桑东南面那林村干活时发现一石片上刻有象形文字图案，先后发现20余片，珍藏于家中。2011年10月，潘荣冠将自己珍藏的"石刻"古文字石片拿到百色市找广西骆越文化研究会会员冯海华（古董商）鉴定，冯看后认为可能是古骆越文字，并立即向骆越文化研究会汇报。2011年11月，广西骆越文化研究会原平果县人大常委会主任农毓坚与平果县博物馆专家到平果县那林村考察，又发现刻满古文字石片和共生一起的大石铲、古陶片数十件，其中最大的石刻古文字石块竟达长105cm×宽55cm，上面刻满了数百个古文字符；最小的石刻古文字石片，有拇指大，也刻有7~8个古文字。

2012年春节前，广西文物局批准广西文物考古研究所对那林村进行考古试发掘，并在百色右江民族博物馆及平果县博物馆的协助下，取得了初步成果。除发现石刻古文字石片外，还发现了新石器时代有段石锛及夹砂陶和青铜时代生产工具等，并正式定名"石刻"古文字为古骆越文字。

至目前为止，已发现石刻古骆越文字 1028 个字符。据国家权威部门测定，与"石刻"古骆越文字石片共存一起的大石铲文化文物产生于 4000—6000 年前，可以佐证："石刻"古骆越文字的成型年代非常久远。又据国土资源部岩溶资源环境监测中心对出土的"石刻"古骆越文字石片表面上钙化和共生一起的贝壳的绝对年龄测定，分别为前 3680±172 年及前 2950±167 年，证明"石刻"古骆越文字其年代比甲骨文字还早，是目前中华大地上发现最古老的文字。为什么壮族古骆越文字至今没有在壮族民间流传呢？根据中国古代历史发展的历程变迁及各朝各代更迭等重大事件分析：壮族古骆越文字在古代可能在秦、汉时代，经秦始皇及汉高祖多次以武力征服岭南后，在全国推行"书同文、车同轨、统一度量衡"政策中被取缔，中断其传承、发展。而布依族古越文字、水族古水文字却因地处北邻的云贵高原，由于山高水险的阻隔，在崇山峻岭之中，在民族民间得以应用、发展、流传延续至今。

（二）布依族古越文字及方块（土俗）文字的发现、认定及研究

布依族是古代百越民族的后裔，自古以来就有古老的民族语言及文字——古百越文字，而且从古至今民族语言及文字一直在民间流传。但从古代 3050 年的周朝以后，特别是秦、汉时代至 21 世纪的 2009 年，并未得到历届当政者的承认，一直被列入只有语言，没有文字的民族。而曾经是古牂牁国或古夜郎国中心地域的贵州省布依族腹地：关岭县的"红岩天书"和普定县化处"反字崖"等人文地理信息，以及流传民间古老的象形的"布摩文（白摩文）"及"布摩书（白摩书）古籍"或称"水家文""水家书"古籍（1949 年以前，布依族、被他称为"水家""水户""水边"等）等信息，或有可疑是古牂牁国或夜郎古国文字，引起了古今文人墨客及民族知识分子的重视和研讨。

如清朝西南大儒莫友芝（布依族）（1811—1871 年）就曾经对家乡贵州黔南都匀、独山布依族聚居中心地带，布依族民间摩文化巫师（摩师、布摩）们，使用一种仅有巫师、摩师们能释读和应用的摩文字、摩书（"水家文""水家书"），感到其文字字形及读音奇特，令其诧异，从"舍弟祥芝曾录得其六十纳音一篇"，进行研究，认为"且云其初本皆从竹简过来，其声读廻与今异，而多合古音，核其字画，疑斯前最简古文也。"即应属秦宰相李斯主持创制篆字以前的最简古文字，又在考证西周钱币文字时提出应与"水书竹历参摩研"，即认为这种摩文（水家文）疑有可能来自周或其以前的夏、商时代。这是最早的、也是第一个研究过布依族民间古摩文的布依族老前辈、大学者。

贵州省黔西南布依族苗族自治州安龙县纳桃村，是布依族聚居的龙广地区的一个布依族古寨，有一个祖传世袭布摩先生（民间知识分子）的传人：王发祥，家藏万卷。其中有一宝贵的书文，其后人王康憨，即认为是"布依族先民甲骨文"，将其取而珍藏，并进行了初步研究。1985 年写有一篇 3600 字的文章《布依族先民甲骨文及八卦源流》，这是新中国成立后，将布依族民间摩文化的古文字（摩文），认定为"布依族先民甲骨文字"的第一个人。1986 年，王康憨将珍藏的"布依族先民甲骨文"及其撰写的《布依族先民甲骨文及八卦源流》文章奉献给政府，交寄给安龙县档案局房健收。1987 年元月 12 日，又送交一份给黔西南布依族苗族自治州政协张县智收转交档案馆。1988 年又寄一份到贵州省社会科学院（后仅见有收到信件后的收条回执）。这一封又一封的信件和"布依族先民甲骨文"材料，如石沉大海，没有音讯，不了了之。这即是说没有得到有关单位及官方的认可或承认。

1996 年王康憨与安龙县王仲坤老师谈到他珍藏的一帧记录伏羲八卦较完整的布依族先民字帖，说是他曾祖父王发祥祖传的手抄本，视为珍品，珍藏总不肯示人，经过几次探访都未见到王发祥手抄真迹。2003年王仲坤老师又随安龙县民宗局收集"中国少数民族古籍"，到了王康慇家。王老刚去世不久，王老的儿子王启高将父亲所有藏书和藏品遗物搬了出来，亦未发现祖传世袭老布摩王发祥手抄"布依族先民甲骨文"真帖原件，只在王康慇老先生整理及撰写的《布依族先民甲骨文及八卦源流》文稿中看到所转录的"布依先民甲骨文"字帖〔注：这字帖与新中国成立以前，黔南都匀布依族聚居中心地带，在"民国"十四年（1925年）编纂的都匀县志卷五民俗卷，记载了布依族（水家）民间摩文化，摩书的摩文"水字"97字，不论是字形、相对之间的排列组合、排序、合体文字等各方面都相同〕，并加以收集进行研究，其后撰文《一帧伏羲八卦造字记录与鸡卦象》。2007年罗祖虞教授在编撰《布依族历史与文化研究》一书时，将该文收编书中，认定为："布依族最古老的象形形意文字"，并在主标题之下另加注一副标题"兼论布依族古文字"，以突出、强调、肯定、认可为"布依族古文字"。这是第一篇公开发表的有关"布依族古文字"的文章。

2008年贵州省荔波县档案馆长姚秉烈、县政协文史委主任何羨坤、县布依学会会长王克均等，将到布依族民间征集得的4部布依族方块（土俗）古文字的傩书古籍，上报国家。2009年6月9日，国务院国发〔2009〕28号文件——《国务院关于公布第二批国家珍贵古籍名录和第二批全国古籍重点保护单位名称的通知》，将四部布依族方块（土俗）古文字典籍：献酒备用（0861）、接魂大全（0862）、解书神庙（0863）、关煞向书注解（0864）列入国宝，布依族及布依族方块（土俗）文字被国家承认为中国第18个有自己民族语言及文字的民族。

而比布依族方块（土俗）古文字更古老，在布依族民间摩文化流传应用的象形形意古文字及典籍，民间称"白摩文（布摩文)、白摩书(布摩书)"。1985年王康愍认定为"布依族先民甲骨文",但未得到官方认可和公开发表;2007年罗祖虞将这种更古老的布依族民间形意古文字"白摩文",认定为布依族古越文字,并将有关文章编撰于《布依族历史与文化研究》一书中,公开发表、公之于世。其后,2008年罗祖虞在云南省金沙江流域的巧家县、昆明市东川区等地,收集到多册布依族古越文字古籍原件及复印件,并以之列课题,申请国家社会科学基金项目,开展国家层面上的研究,2010年获批准,第一次正式成为国家层面上的研究,2012年结题并通过国家验收,得到高评及认可,并正式定名为"布依族古百越文字",简称"布依族古越文字",科研成果于2015年正式出版公开发行。

(三)水族古水文字认定及研究

水族古水文字,从古至今流行、应用于水族民间。

新中国成立前,1942年著名社会学家岑家梧教授到贵州大夏大学讲学及《水书》考察;1943年张为纲、吴泽霖、陈国均、李方桂等专家教授,深入贵州水家地区调查《水书》和水家古文字;岑家梧发表《水书与水家来源》一文;其后,张为纲与岑家梧一起考察,发表了《水家来源试探》一文,认为:"为殷商文化遗留之铁证"。

新中国成立后,水族从旧社会纷繁混杂的他称水家中,分离出来正式定名为"水族"。水族地区古文字收集、调查、整理及研究进入了现阶段,但刚出现好势头的时候,又发生"文化大革命","十年浩劫",《水书》被打成"迷信""鬼书""牛鬼蛇神"而惨遭劫难。

20世纪80年代,改革开放迎来了民族文化抢救、研究及发展的春天,掀起了收集、调查、整理及研究的热潮,开展了以(1)水族语言文字与《水书》文献研究并举;(2)偏重于水族古文字结构的研究;(3)文字与书法研究并举等研究,成果丰硕。如 1985 年吴支贤与石尚昭《水族文字研究》，1988 年王品魁译注水书文献《正七卷》《壬辰卷》《丧葬卷》等近 200 万字；1987 年王国宇《水书与一份水书样品的释读》等；1993 年王品魁《水书源流新探》，韦忠仕、黎汝标《五十年来水书研究评述》等；1995 年韦宗林《水文字书法试探》及《水族文字"反书"的成因》，2001 年潘朝霖《中国民族文字与书法宝典·水族文字与书法》，2007 年韦世方《水书常用字典》等。但是对水族古文字的源头及水族的来源、形成及发展等的研究，还迷雾重重，还有更长的路要走，还有待更进一步深入的研究。

（四）关于湖南永州江永"女书"

女书于 20 世纪 80 年代，被中南民族大学专家，在与广西相邻的湖南永州市江永县上江圩镇发现。

女书又称"女字"，是世界上唯一的女性文字。中南民族大学谢志民教授认为："女书起源于甲骨文"；永州市委副书记周永亮认为："女书是母系社会的一种文字，比甲骨文、金文还要古老"；王丽滨、曹晨光专题研究后认为："女书文字的起源大概出于巫术或是记事，起初阶段应该是古代百越人创造，有越风越俗的特点"……女书是难得的世界级的非物质文化遗产。

30 多年来，国内外学者对女书的考察及研究，取得了丰硕成果。然而，当前学术界也出现一些混乱，如女书原作被篡改，自造女书字符，男性"女书作品"充斥，真伪难辨。国家应重视加以及时抢救、规范女书字、摒除造字，正本清源，保持女书的本真性及传承性。

（五）古百越文字统一规范的称呼

布依族远古象形古越文字及水族古水文字、壮族古骆越文字应规范统称"百越古文字"或"古百越文字"，分别称布依族"古越文字"及水族"古水文字"、壮族"古骆越文字"。

二、古骆越文字、古越文字、古水文字与甲骨文的初步对比研究

（一）古越文字、古水文字与古骆越文字初步对比研究（见壮族"石刻"古骆越文字与布依族古越文字、水族古水文字对比释读表）

结论：（1）古骆越文字、古越文字、古水文字，据摩经记载及民间流传：均为人文始祖布洛陀、姆洛甲创造，具有同宗共祖、同源的秉性，是同宗共祖、同源异流的姐妹文字。

（2）古骆越文字具有4000—6000年历史，埋藏于地下被发掘出来的古老的"石刻"古骆越文字，是目前中华大地上所发现的最古老的文字。

（3）古越文字、古水文字与古骆越文字具有相同、相近、相似的特点。古骆越文字，是其源，但现今在民间已消失。而古越文字、古水文字，从古至今在民间仍在流传，应用于民族百姓的生产生活及社会活动中活的古文字，是活的文字，是其流，是同源异流的姐妹古文字。

（4）古骆越文字，是一种古老的流传于民间摩文化文字。在民间，从远古时代形成起，可能经历了夏、商、周及春秋战国时代；至秦、汉时代，特别是秦始皇两次以武力征服岭南，强行推行"人同文、车同轨、统一度量衡"的三统一及"焚书坑儒"政策；其后，汉高祖继承其衣钵，在岭南地区，百越民族民间流行的古骆越文字，应当是理所当然首当其冲地被取替。越人民间的知识分子——布摩——为传承民族民间摩文化，又开始顺其流，研究用汉字偏旁部首及自创符号，来拼写及转翻译古百越文字摩经和记录民族语言等。这一过程漫长而艰辛，大致到隋唐时代才日趋成熟，形成壮族以及布依族方块（土俗）文字。这一现象在贵州省威宁布依族古越文字及摩文化田野调查中得到证实。

(5) 壮族古骆越文字中,有专门造的"土、十二"及"春、(夏?)、秋、 (冬?)"的特有单字,从中可以窥视出:远在4000—6000年以前,越人、百越民族先民就已经发明或使用一年有12个月,一年有四季的历法、历算了("夏""冬"有待出土更多"石刻"古骆越文字中查找)。

(6) 中华大地有五至七千年文明历史,"太极八卦"被称为东方文化的标志,是《易经》的精髓;《易经》是中华经学群经之首,是文化之渊。在布依族古越文字、水族古水文字中,有原始的、象形的、"形、音、义"相一致的《易经》"八卦"文字。远较周朝的《周易》复杂的、"形、音、义"不相一致的、假借型、乖离型晚期造字的《周易》"八卦"文字,更为古老。这可能为已经遗失的夏朝《连山易》、商朝《归藏易》的寻找提供线索。

(二)古骆越文字、古越文字、古水文字与甲骨文初始文字的初步对比研究(见八卦、基础数字、天干、地支、五行壮族"石刻"古骆越文字、布依族古越文字、水族古水文字与甲骨文对比表)

结论:从古骆越文字、古越文字、古水文字与甲骨文初始文字的初步对比研究中,可以看出:在人类早期基础用字如基础数字、十天干、十二地支、五行等等,都相同、相似、相近。再结合历史、考古、语言学文字学资料、中华文明探源工程 DNA 等资料分析研究,夏、商王朝是越人先民曾经入主中原,创立的中华大地上第一、二个古国,因此,古骆越文字、古越文字、古水文字与甲骨文之间,有着密切的亲缘关系。

三、发现及研究意义

(1) 美国人类学家摩尔根指出:文字的使用是文明伊始的一个最准确的标志。

（2）至目前为止，中华大地上发现最古老的文字，是4000—6000年历史的广西平果感桑"石刻"古骆越文字。

（3）中华大地上，古文明最早可能源于南方。这与亚洲东部、大陆南部现代人人类的发源、发展及扩散、迁移有关。

（4）根据现代科学技术研究，分子人类学、分子遗传学及考古学等的最新科研成果表明：亚洲东部、大陆南部，是旧石器时代晚期现代人类即现代人——晚期智人（新人）的发源地、宗祖之地；是现代文明的发源地、祖庭之地；是"古越文化圈"及"泛越文化圈"的发源地。

（5）中华五至七千年文明及历史，需重新认识，重新撰写。

四、今后开展研究的建议

建议：以云南民族大学民族文化学院为基地、为中心，与广西、贵州、四川、海南等地民族院校及广西、贵州、云南等壮族、布依族、水族等学会合作或协作配合，聘请国内外有关专家客座参与，成立"百越历史及文化研究院"或"研究中心"。用新思维、新方法、新资料开展"越、越人、百越民族与中华民族及其历史文化"的研究，为中华五至七千年文明历史谱写新篇章添砖加瓦。

历史文化研究

论抢救与搜集整理布依族摩经古籍文献

郭正雄

自2009年以来，随着荔波选送的布依族古文字典籍陆续被列入《国家珍贵典籍文献名录》后，"摩经"这一布依族古文字典籍文献引起国内外专家学者的普遍关注。

布依族摩经文化是远古布依人在长期的生产生活及社会实践中孕育产生的，是根据民族同胞对国泰民安、政通人和、民族团结、道德礼仪的崇尚创造出来的古老的民族文化，其核心载体摩经是较早运用了赋、比、兴的文学手法，具有独特的民族风格的韵体文学作品，有较高的语言文学价值。

布依族摩经典籍，内容丰富，种类繁多。有各种名称、内容和用途不同的摩经，有反映布依族在远古时期的生产方式、生活习俗以及征服自然向往的，有描写布依族先民驱除邪恶、弘扬正气神话的，有叙述布依族铜鼓起源、制造以及将铜鼓运用到祭祀仪式中的，有叙述布依族人文始祖布洛陀、姆洛甲造天造地造物的等等。这些摩经对家庭教育、社会礼规、品德道义的倡导有着重要的教育意义，因此，布依族摩经有着重要的历史文化价值。

摩经是布依族在祭祀、丧葬、送鬼、驱邪、祈福、禳灾、祛病等使用的成套的经书。布依族摩经以言传身教的方式流传，是古代布依族的民族历史文化思想的结晶。随着汉字被布摩的掌握和布依族学汉文的人增多，为方便记忆和传承，他们便用近音汉字作为符号和用汉字布依音自造的"土俗字"记录下来，成本、成套、规范的经文书籍。

一、摩经分类

摩经有"小摩经"和"大摩经"。小摩经中含有驱邪、驱鬼、镇邪、镇鬼、祈祷、保平安、镇邪恶符咒图（章）等及自造的土俗字，如婴儿夜啼符、出入平安符、镇邪符、镇恶符、镇魅鬼等符。

"小摩经"主要是用于解除家中的人畜生病而被病痛困扰或家中做事不顺，认为是因受到某一或几种鬼魂作怪。不同病痛分别由不同鬼魔作祟所致，就要请布摩来举行小型的祈福保安，驱邪逐鬼等活动。布摩根据家中发生的病痛及做事不顺的情况分别用不同的经书来解除才能痊愈。其主要是驱疫、驱邪、解邪、驱鬼、降福，祈祷保佑，祈福禳灾，消难纳吉，六畜兴旺，家中平安等。

经书主要有：《奠土经》《符章经》《添粮补寿经》《解结经》《王母娘得儿经》《鬼吃心经》《解吉经》《保胎经》《新居伏龙经》《清堂扫舍伏魔经》《牛蹄经》《鬼缠身解除经》《起首经》《出门经》《集钱财经》《夭折经》《婴儿满三天解吉经》《解牙怪经》《解相冲相克经》《解禁忌经》《出生解吉经》《解太岁经》《解太阴太阳经》《解勾绞经》《五鬼经》《白虎经》《七煞经》《小儿关煞经》《雀鸟屙尿淋人经》《新娘进屋经》《开门经》《枯樵经》《天坑经》《地坑经》《重丧经》《玉兰经》《都侯玉兰经》《荒芜经》《时候棺木经》《子元荒芜经》《哑经》《土狼经》《红沙经》《桃马二十六经》《大败凶经》《天贱罗经》《黄煞黑煞经》《后败经》《孤寡经》《天罗地网经》《十二月除凶吉经》《十二月青龙煞父母经》《六十吉凶经》《四配吉凶经》《人犯棺木经》《置田经》《祭祖经》《安家神经》《下坎经》《祈福经》《土公

经》《六家经》《宗族经》《雷鸣经》《双棺木经》《十二月钱财经》《吊死伤亡经》《打鬼咒语经》《安葬伏龙经》《五方排位经》《插坟标经》《坟上契约经》等种类繁多。据说多达300多种，常用的就有100多种。"摩经"不仅卷帙浩繁，而且很规范和系统，它反映了古代布依族的劳动生产、民族历史和社会生活、精神生活等方面的内容，蕴藏了不少有价值的宝贵资料。

"大摩经"主要是用于丧葬等仪式的大型宗教活动。举行仪式活动时场景庄重严肃，使整个活动笼罩着神秘而庄严的气氛。"大摩"要有近5至6人的专门班子互相配合来完成，一两人是无法进行的，但布摩这班人都是业余的，平时都是从事农业生产。被邀请做丧葬等活动，也没什么报酬，只得主人家丰厚招待和收取那些供品的猪头、猪肉、鸡、鸭、鹅等。

主要经书有《招荐经》《殡亡经》，分为八部（卷），即《请摩经》《造房经》《砍树经》《棺廓经》《祭鸡经、祭腿经》《出门经》《超魂幡经》《祭伞经》《买牛经》《砍牛经》，主要内容为死者招魂、开路（超度分为正常死亡的经文和非正常死亡的经文）等丧俗活动。《扫寨经》主要内容是村寨发生瘟疫，都认为是天神地神在作怪，为保护村寨清净平安、无灾无难、六畜兴旺、五谷丰登，必须把鬼魔扫出去。由布摩组织一班人进行逐家逐户的诵经扫除邪恶。还有《嘱咐经》《扫家经》《扫圈经》《扫火星》等经书。这些经文，都是布依族原始宗教活动的工具，是一种社会意识形态，又是一种特殊的文化现象。

二、古籍搜集、整理、翻译、出版情况

贵州省委书记陈敏尔指出："要加大民族民间文化的挖掘阐发力度；加大民族民间文化的保护传承力度。"因此各级人民政府结合实际出台了相应文件"保护发掘非物质文化遗产"，从而加大了对少数民族典籍文献的保护与传承的工作力度。

（1）复制摩经《经书》54卷（本）；搜集、整理、翻译、布依族民间古歌（创世歌、礼俗歌、情歌、酒歌）62首，并制作成光（碟9个母碟）；拍摄布依族生产、生活、服饰、古建筑等千余照片。

（2）2014年7月至2015年11月止，安顺市布依学会组织相关人员先后深入布依村寨收集、复制、拍摄、录制工作，到11月底，共收集、复制、拍摄、录制大小摩经40卷（本），取得了第一手文字资料和诵唱音视频资料。2015年安顺市公开出版发行的摩经和民间文化有《超荐经》《摩考》译注、《解绑经》《镇宁布依族》《黔中布依族歌谣选》、《黔中·类型，布依族服饰》（内部发行）、《布依族丧葬习俗调查》（内部发行）。

其中，安顺市民委出版《超荐经》，关岭县出版《摩考》译注，镇宁县出版《镇宁布依族》，安顺市布依学会出版《解绑经》《黔中布依族歌谣选》，《黔中·类型，布依族服饰》（内部发行）、《布依族丧葬习俗调查》（内部发行），这些地方为保护和传承布依族典籍文献和民间文化做了大量有益的工作。

三、方法和措施

（1）贵州省民族事务委员会、省布依学会每年举办一期"布依族古文字典籍文献搜集、翻译、整理、培训班"。

（2）安顺市民族事务局高度重视古籍文化和民间文化保护传承工作。年初要召开各学会座谈会，专题研究本年少数民族古籍文化和民间文化的搜集、整理、翻译、工作。各学会结合本会实际拟定向市县（区）民族事务局申报收集、整理、翻译、出版专项经费。

（3）成立收集、整理、翻译、课题组。安顺市学会于2014年7月成立以马会长为组长的收集、整理、古籍文化课题组，并设立办公室，由一名常务副会长具体负责工作。组织热爱这项工作的相关人员，深入布依族地区村寨收集、复制、拍摄、录制等项工作。

（4）市、县、区民族宗教局，向省民族事务委员会申报各学会拟申报民族古籍文化出版专项经费。

学会自筹资金，收集、整理、翻译等前期工作。

四、保护传承存在的问题

就目前安顺市布依族地区而言，摩经古籍文化等非物质文化遗产传授人很少很少，已经面临着失传。

一是摩经《经书》年久，多数已朽烂（坏）残缺不全，难以辨认。现用的有相当部分《经书》是用汉文字抄下来的，诵读当然是照原文诵唱，其意偏差较大，有的意思和布依语意完全不同。

二是随着时间推移，目前在布依族各土语区，能识读、诵唱布依族摩经的老摩师，已经稀缺得如同凤毛麟角。

三是随着老摩师的逐渐老去，绝大多数人对布依摩经的布依文字不识、看不懂、不会读，干脆就不学，摩师后继无人。

四是就安顺市布依族地区而言，目前，现有摩师不足50人，摩教已基本失传。被誉为国宝级的布依族古文字典籍文献摩经文化难以传承下来。

五、建　议

摩经是布依族古文字的典籍文献，是我国乃至人类非物质文化遗产的重要组成部分，是人类文明的结晶和人类共同的财富。随着城镇化和城乡一体化的快速推进，人们的居住环境、生产生活方式都将发生变化，由于受环境和外文化的影响，布依摩经文化的传承难度相当大，已面临失传的可能性，因此保护传承布依摩经文化遗产的工作十分紧迫。

（1）保护、传承布依族古文字的典籍文献不仅仅是各级政府有关部门、民族研究工作者、民族民间组织的事，更是全社会应关注和重视的事。

（2）保护传承布依摩经文化，弘扬中华民族优秀文化已迫在眉睫。各级民宗部门、文化部门、乡镇办要建立专门的工作机构，给编制（贵州荔波县有）、办公经费。每年举办一期布依族古文字典籍文献搜集、翻译、整理、培训班。

（3）在该工作机构领导协调下，充分调动社会力量投入到搜集、复制、整理、翻译出版工作中，要注重培养摩师传承人，后继有人。

（4）在搜集、整理，翻译的基础上，争取资金，每年出一本书或几本〔注上布依文（国际音标）〕等方式把其完整地保护传承下来，为社会做出贡献。

罗甸县布依族的历史文化

罗甸县布依学会

罗甸县位于贵州省南部,与平塘、惠水、长顺、紫云、望谟等县接壤,和广西壮族自治区的乐业、天峨及南丹等县隔红水河相望,地处东经106°23′~107°03′,北纬25°04′~25°45′之间,是一个以布依族为主体,有苗、汉、壮、侗、瑶、土家等民族聚居的地方,县政府驻在龙坪镇。境内属亚热带季风温润气候,雨量充沛,年平均降雨量1400毫米。春早夏长,秋迟冬暖,年平均气温19℃,无霜期年平均334天,被省内外农业专家誉为"天然温室"。全县面积3 013平方公里,辖8镇1乡177个村委会3个社区2个居委会。2015年底,全县总人口为35.6余万人,其中:布依族人口为20万余人,占总人口的56.20%,为贵州省布依族人口众多县份之一。

布依族为罗甸县世居民族,其历史悠久,源远流长,为古代百越民族众多支系"骆越"的一支。古代"骆越"居住在广西北部和贵州南部,多喜河谷傍水而居,辟地耕田,善种水稻,是我国最早的稻耕文化民族之一。布依族在古代夜郎国时期,称之为"夷濮""夷僚",三国时期为"夷"。魏晋南北朝称之为"僚",唐时称为"蛮""僚",宋称之为"蛮""番",明清沿袭,清末到民国年间,被称之为"仲家""夷家""夷族"等,1953年8月24日,贵州省民委召集全省各地布依族代表在贵阳召开"贵州省仲家(布依族)更正民族名称代表会议",一致通过族称为

"布依族",并得到国家民委复函同意。从此,布依族族称正式通行使用。

从古代到现代,布依族族称经历了夷濮、夷僚—夷—僚—蛮、番—仲家—夷家、夷族—布依族的历史称谓过程。布依在汉语上是百越的谐音,表示自己是百越的人,也表示对自己的称谓。自秦汉以后,居住在罗甸境内的布依族先民,就沿南北盘江而下,到罗甸县境内的红水河畔蒙江流域居住,繁衍生息,和其他民族一道,共同开发罗甸,在开发罗甸的历史过程中,传承和发展了本民族的历史和文化。

布依族是一个富有革命斗争传统的民族,在旧中国历代封建王朝统治时期,布依族人民为了民族的生存无数次揭竿而起,与历代封建王朝的反动统治进行英勇斗争。居住在罗甸的布依族,参加了布依族王囊仙领导的农民起义以及太平天国革命运动,尤其是在中国共产党领导的新民主主义革命时期,广西党组织中共黔桂边委为开辟黔桂边革命根据地,于1932年9月在罗甸县布依族地区的蛮瓦建立"中共蛮瓦支部",把中共黔桂边委工作重心转移到罗甸,在罗甸领导黔桂边的革命斗争,开辟黔桂边革命根据地,从而把罗甸与左右江革命斗争融为一体,成为滇黔桂革命根据地重要组成部分。中共蛮瓦支部的建立和罗甸革命老区的形成,是贵州党史上最早的支部和最早的革命老区,也是整个布依族地区历史上最早的中国共产党的地方组织和最早的革命根据地。1955年,党和政府依据《宪法》和《民族区域自治实施纲要》,在罗甸县成立县级人民政府的"罗甸县布依族自治区",在罗甸实施民族区域自治,1956年8月,成立黔南布依族苗族自治州后予以撤销,在州级范围内实施民族区域自治。

新中国成立以后,特别是改革开放以来,罗甸布依族人民在党和政府的领导下,通过长期艰苦不懈奋斗地建设家园,促使罗甸经济、社会发生了巨大变化,人民生活水平得到改善和提高,社会主义新农村建设初见成效，布依山寨实现了通公路、通水、通电，村村寨寨钢混结构楼房拔地而起，城镇化建设正在起步。利用"天然温室"得天独厚的条件，科技投入在农业生产上基本达到一年三熟，即菜—稻—菜耕种模式，有效提高农业土地利用率。同时，独具亚热带气候特点的水果产品如火龙果、脐橙、椪柑、龙眼、杧果、香蕉、葡萄、杨梅、梨子种植粗具规模。其火龙果、血橙的品质在全国同一品种质量评比中均列第一，被誉为"中国火龙果之乡"。早春蔬菜誉满全国，远销湖南、湖北、重庆、四川等省市地区，获得全国"菜篮子先进县"称号。早春蔬菜、火龙果已取得国家地理标志生产菜地。

罗甸县境内资源丰富，金属矿产源有铜、铁、锑、锌、银、金等，非金属矿产资源有玉石、水晶、硅、猫眼石、方解石、大理石（辉绿岩、米黄色大理石）、雄黄等，水能资源、生物资源也极其丰富。其中，小水电开发列贵州省第一，罗甸玉获国家地理标志，艾纳香提炼出来的冰片誉满全国，远销东南亚、欧美等地。

布依族有自己的语言和文字。布依族是汉藏语系壮侗语族壮傣语支，它没有方言的差异，只有土语的不同。根据语言学家和布依专家学者的划分认定，布依语有三个土语区，这三个土语区也基本上能够交流沟通。罗甸县境内布依族是第一土语区，其语言一直世代相传至今。历史上布依族使用古百越文字，但在罗甸已失传。罗甸布依族有过布依文字，它是一种方块字的变异，是识汉语的摩公先生用来记忆摩经等经书的，也就是用自己改革的汉字来拼读布依语言的文字，一般人看不懂，因而没有流传和推广，只有极小部分人使用。罗甸境内布依族在长期的历史发展过程中，传承和发展了丰富多彩的布依族民族文化。分为：婚嫁丧葬、年节祭祀、岁时节令、居住饮食、民间文学、歌舞（如粑槽舞、织布舞、刷把舞、板凳舞、手摆舞）、乐器演奏、工艺产品等。其布依族工艺的"土布制作"获贵州省非物质文化遗产保护项目。千百年传承的布依歌,有酒歌、情歌、苦歌等,全部是用布依语延续。饮食文化中的五色糯米、狗蹦肠、荷叶粑更是受人喜爱的食品,也是布依人馈赠亲朋好友的礼物。罗甸县委、县政府非常重视布依文化的保护与传承。为进一步挖掘和收集布依文化,于2012年底成立布依学会,每年安排一定的经费用于开展学会工作。在挖掘和传承布依文化方面,布依学会主要做了以下工作,一是采取走出去的形式,几年来,先后到本省的荔波、望谟、册亨、兴义、贞丰等县市以及四川省宁南县、云南省罗平县等地交流、考察、了解布依文化,吸纳兄弟县市在传承和发展布依文化方面的做法与经验。二是开展调研活动,对布依节日文化、婚庆文化、服饰文化、艺术文化等进行调研。三是每年召开两次以上理事会。由每位理事撰写论文在会上进行交流,以交流探讨的形式探索布依文化的发展。四是协助开展布依文化进校园活动,以利于布依文化的传承和有助于布依儿童学习。这些活动对挖掘和收集整理布依文化产生了积极作用。在县民宗局的支持下,出版了布依情歌《蒙江恋歌》、布依民乐《唢呐声声》等布依文化书籍以及布依族"丢花包"、布依族扫墓祭祀、百岁老人长寿、大小井、马草寨寨名的由来等调研报告。为县委、县政府对民族工作的决策以及发展民族旅游文化产业提供了一定的决策依据,同时为挖掘和传承布依文化做了实事。

目前,贵百高速公路已经开通,余安高速公路正在建设,罗甸机场选址工作已经结束,兴义至永州铁路正在建设,罗甸红水河到广州航道开通已列入"十三五"规划,这些项目的建设,将为罗甸发展打下坚实的基础,也使罗甸的发展进入了快车道。罗甸具有丰富的旅游资源,有中国长寿之乡的美称,加之冬暖夏长的气候特点,我们恳请各位到罗甸做客,我们将用布依族特有的方式接待,恭候各位光临。

金沙江畔昆明东川布依民族历史与特色文化田野考察

侬道敏

前言

东川位于云南省东北部，金沙江下游河流大转湾处之南岸地区，历史上曾属于益州郡堂琅县，新中国成立之前属会泽县所辖；1953年从会泽县划出，设"东川矿区"，1958年改为省辖市，是中国著名的"铜都"。现今划归昆明所辖，称东川区。

东川地处轿子雪山与牯牛山之间的小江流域地区及河谷地带，地形高差较大，轿子雪山顶拱王岑海拔4 247米，终年积雪；金沙江边海拔691米，气候炎热。总观，属立体气候，可分为高寒山区，温带半山区，热带、亚热带河谷地带。民族有汉、彝、布依、回等民族，汉、回民族多居住于城区及矿区，多从事矿业及商业；布依族多居住于河谷坝区及城郊，以农耕稻作为主；彝族多居于半山区，多从事旱地作物种植及畜牧业等。各民族和谐友好相处。

轿子雪山由于山高谷深，因具有立体气候及植被与民族居住分带特征而独具特色，成为昆明市重点开发的旅游区。东川地区正处于地质环境的小江断裂带上，是古今地震高发区，因岩层岩石断裂破碎，泥石流很发育而闻名于世，是组织中国及世界越野汽车挑战赛的最佳场所之一。东川的红色土壤，鲜艳夺目，在夏、秋之季加之以绿、黄、红各色山花及农作物植被，是大自然大手笔之天然画展，是美术家、摄影家及旅游家的好去处。

一、东川是古老而有厚重历史及文化底蕴的红土地

东川地区在远古时代就有人类居住繁衍。根据考古资料，在东川铜都镇城郊木树朗村发现：有肩石斧、有段石锛、石臼及圆锥形石纺轮等考古器物；在因民镇富申地村发现梯形石斧、石臼、圆锥形石纺轮；在玉碑地村发现单孔石刀；在深沟村发现凹形有孔石刀；在中厂河村发现原始的印纹陶等。这些都是旧石器时代末期至新石器时代早期，古代越人发明的用于进行农耕稻作的原始生产工具及生活工具。

在距铜都镇 12 公里处的普东河村的古墓群中发现大量铜器（99 件）、铁器（3 件）、陶器（56 件）及玉、石、玛瑙等器物（30 件），还有戈、剑、矛、斧、爪镰、镞、盾饰、衣甲片、铃、多形扣饰、镯、泡饰及手工制作的夹砂陶罐、杯、盘、钵等。据专家研究：这些器物与昆明地区古滇国及周边地区的"同姓相扶"的劳浸、靡莫之属的文化一脉相承。说明在春秋战国时代，东川地区应属于古滇国或劳浸、靡莫之属文化范畴。又据 2014 年澄江金莲山古滇国古墓葬群，考古发掘及人类的 DNA 检测，属古越人群。因此，可佐证东川地区在春秋战国时代或其之前，应属于古越人群主导的古滇国或劳浸、靡莫之属的家园。

秦、汉时代以后至唐、宋至元、明、清时代，据有关资料记载，都有壮侗语族先民越人、僚、濮、楚、仲家、沙彝等的行踪。其中东晋时代，是僚—濮—僰人口大发展的时代；到唐、宋时代，因受汉化、彝化的影响，是仲家—沙彝等人口大大减少的时期。

二、东川布依民族族称、人口及分布现状

新中国成立前,东川地区布依民族的他称有:仲家、青苗、仲家苗、苗族、仲夷、夷苗、沙彝、夷子、羿子等。20世纪90年代,东川市民族事务委员会成立后,根据民族群众愿望,对青仲、仲家、仲苗、夷苗等他称族群进行了调查、考证、核实,查清了历史渊源及传统文化,民族风情及习俗等,均属于自称的布依族。东川市人民政府于1993年下文:东政(1993)5号文件,更正为布依族,但由于有关部门贯彻文件不得力,第四次人口普查时布依族人口仅为3 249人,还有部分仲苗、青苗、仲夷等(约3 000多人——贺良栋),至今还未正本清源,估计时至今日,人数应在6000人以上。

据民族宗教局统计,东川布依族分布居住于东川区的铜都、拖布卡、因民、阿旺、红土地等5个乡镇24个社区村寨,近50个自然村。

三、东川布依民族古老的特色文化

(一)见证历史的布依人开发东川的石碑文化

东川布依人居住地区有大量的古墓石碑文化,据统计,现今还保留完好的还有19座布依人古墓石碑(其中糯谷田6座、木树朗4座、起嘎村5座、新街村3座、牛坪村1座),这些古墓石碑文字,有的年代久远经风化消失或模糊不清,有的碑文还依稀可见,都是明、清时代的墓碑群。

小新街吴氏家族古墓之一

小新街吴氏布依家族，立于清康熙年间。一座古墓碑上大部分文字已消失难辨，还有少部分依稀可见，记载了当年来到东川这片地广人稀的地方，仅在小河边有寥寥几户人家居住。

起嘎村田坝王氏布依家族。在保留完好的五座古墓碑中，有一碑文十分清晰，墓碑立于清乾隆年间（1746），碑文是："开基曾祖国相原藉贵州平越府乾冲人，康熙年间，奉令镇守四川，后雍正八年改派东川军民府集义乡起嘎坛，坠科圾垦开解农田……""起嘎"，布依语意是："开拓创业开始的地方""勇敢勤劳，自食其力种稻谷开始开创的地方"。族人并在梭山建有始祖庙，以纪念始祖及先祖。

糯谷田村立于康熙五年的一块布依人古墓石碑上，虽大量文字已经风化，但尚能看出"皇清待赠乡溢醇谨，希寿潘公讳阿诺府君大人之墓"字样，据此可知糯谷田布依人先祖潘公讳曾是在阿诺府（贵州境内）任过职，其后调来云南东川府的。"糯谷田"名称，因布依人喜食糯米而大量开垦田地大种糯谷而得名。村中布依族人建有一大型始祖庙，纪念始祖及先祖。新中国成立后被撤毁。

木树朗村有一块较早的石碑上记载了"鼻祖潘仕琦于乾隆年间（1788年）受封被派到云南任临安（今建水）总戎"。潘仕琦后嗣传说：潘祖一行人马，从黔南都匀府出发入滇、顺江而上，路经木树朗地方时，见树葱郁，清溪流潆，环境优美，便扎营休息。次日拟起程，随身带的菩萨落地，难以拾起，潘祖即预感到是祖先显灵，告知应在此地安居，故留下眷属，只携相关人员前往临安任职。留下的眷属，便开荒种地，成为开辟木树朗地方最早的先人。"木树朗"布依语"木、勐、曼、芒……"是"村、寨"之意，"树朗"布依语是"开辟土地的主人"，"木树朗"布依语是"最早开垦这片土地的主人的村寨"，并建有始祖庙纪念始祖及先祖。说明布依族人开辟东川的历史之久远。

金沙江边牛厂坪村，立于清代中期的一块石碑记载（现今碑文已风化文字不清）及据布依民间流行的古老传说：古时有布依人王氏三兄弟于雍正至乾隆年间，奉令到金沙江边牛厂坪田坝一带，屯垦戍边时，带上具有灵性的铜鼓保佑，带上十多个娃子（帮工）、打猎工具及生活用品，来到荒无人烟、野兽出没、到处是原始森林的江边牛厂坪一带，住扎下来，开始以养牛放畜为主，"牛厂坪"因此而得名。其后又开荒种地，在田坝开渠引水，进行

牛厂坪布依族始祖庙

农耕稻作，"田坝"也因此得名。水是水田农耕稻作的命脉，据布依人民间传说及布依族"摩经"文献记载：水是由龙涌喷而出，有水的地方就有龙，龙走了水就干枯了，龙是蟒蛇的化身，会飞会遁，神力无比……，牛厂坪一带布依人民崇尚龙，从龙蛇并为图腾崇拜就可一目了然了。据潘文开老人讲，古时布依民间还有养蛇供奉的习俗。正因为如此，牛厂坪一带布依民间，在每年农历七月初八（十二属相中的蛇日），男女老幼都要到"阴灵古室"的始祖庙来，杀猪屠羊进行侍奉，唱歌跳舞，欢度蛇节。

东川布依族人古墓石碑记载，布依语村寨名称的来历和纪念开天辟地的始祖神庙，以及小新街、糯谷田、起嘎、木树朗等村寨民间过农耕稻作民族的六月六祈求丰收节，牛厂坪过七月蛇节，小新街村过三月三泼水节等等的民风民俗，都记述及传载了最早开发东川这片沃土古老的历史及布依族先辈的贡献，证明布依民族是东川古老的原著民族。

（二）东川布依族的祖先崇拜及始祖庙文化

布依民族自古以来就有祖先崇拜的优良传统，每年都要祭拜最神圣的远古时代开天辟地的创世始祖布洛陀、姆洛甲，以及祭拜在各地方、各村寨开创开拓本地区的老祖。

据许多布依老人讲，在新中国成立前，东川区铜都镇糯谷田的民族百姓修有规模宏大并独具特色的黑神庙，在庙内神台上，竖有布依人祖先布洛陀神像，人们称为"黑神"，每年三月三、六月六、过大年等节日，本村人及其他村寨，以及远在阿旺镇和布卡镇的布依百姓，都要赶来黑神庙烧香点烛供果，集体敬拜祖先。这座布依人的始祖庙一直维系到新中国成立初期，后因号召移风异俗等原因而拆毁了。

布依人对祖先的信仰及崇拜，表现极为认真和隆重，特别是在农历六月六（牛厂坪村则选在农历七月初第一个蛇日）这天，在布依各村寨的始祖庙进行祭拜，各村寨都要杀猪、宰羊，由布摩师或村中德高望众的长老来主持仪式，要念摩经祈求祖先显灵保佑，使布依村寨风调雨顺，五谷丰登，百姓美满幸福。在没有始祖庙的村寨，或单家独户的布依人家，每逢祭祖活动期间，也要在自家堂屋中烧香点烛、设酒肉祭拜祖先。

（三）千古奇书：布依民族古百越文字摩文化典籍

美国著名的人类学家摩尔根说："文字的使用是文明伊始的一个最准确的标志。"

据布依族、壮族、水族的"摩经"记载：是古百越民族人文始祖布洛陀、姆洛甲，在4 000～6 000年前创造了古百越文字。又据罗祖虞教授研究：在广西百色市平果县感桑村，地下发掘出的4 000～6 000年前的壮族石刻古骆越文字，是目前中华大地上最古老的文字之一，并与从古至今在民间流传应用的布依族古越文字、水族古水文字，是同宗共祖、同源异流的姐妹文字，壮族的古骆越文字是其祖、是其宗，布依族古越文字、水族古水文字是其流，同源异流。三个民族同属侗泰（壮侗）语民族，同属百越民族后裔，三种文字相同、相近、相似，统称为古百越文字或百越古文字。

布依族古百越文字及文献，流行及应用于云贵高原的贵州、云南地区布依族民间摩文化之中。新中国成立后，由于各种原因的冲击，现今仅在贵州黔西北部分地区及云南金沙江流域中下游地区的布依族民间珍藏和流行应用。如金沙江下游的东川、禄劝、会泽、宣威、巧家、鲁甸等县、市（区）布依族民间；中下游宁蒗彝族自治县等及四川木里藏族自治县的布依族民间。

东川地区的小新街祖传世袭布摩王崇举老人，生前就应用及珍藏多部布依族古百越文字摩文化典籍，现今布摩老人已辞世，古百越文字典籍仍传承珍藏于家族后人之中。

《摩文化典籍》中布摩王安治的落名典籍

布摩王安治捐赠的三册摩文化典籍

历史文化研究

云南民族大学给布摩王安治捐书的荣誉证书

金沙江边牛厂坪地区，新中国成立前，布依族民间古百越文字摩文化及其典籍十分盛行，以布依族祖传世袭的布摩王安治为首的师班，成员还有王正良、祖念意、刘全明、戴玉成等，用布依族古百越文字记载及传承摩文化。新中国成立后，由于把民族民间摩文化当封建迷信而被禁止，加之布摩王安治家成分高，王安治老人将手中三册珍贵的古百越文字经书，辗转藏于远方亲戚家的谷堆中及房樑上，才幸免于被毁灭的命运。20世纪80年代改革开放以来，迎来了抢救、保护、整理、研究、传承、弘扬及开发利用民族文化的春天，90年代中期，布摩王安治在病逝之前，曾向其弟王安发交待心中一直牵挂的大事，告诉其弟王安发，将他的三本古百越文字摩文化典籍，从远方亲戚家取回，无偿地交给布依民族专家、学者研究、保存、传承、弘扬，以了却生前的愿望。随后交给东川民族宗教局老干部贺良栋同志，再转交到云南省布依学会会长罗祖虞教授处鉴定，并与云南民族大学中国西南民族特色文献研究中心共同申请国家课题，正式开展国家级层面上的研究。课题完成后，三册古百越文字典籍，按规定

· 145 ·

上交，现保存于云南民族大学图书馆、博物馆，供今后国内外专家、学者进一步研究。令人惋惜和遗憾的是：祖传世袭老布摩王安治的古百越文字典籍的摩文化，由于生前的多种原因，没有在其子女：王存邦、王琼拜、王永邦、王顺邦中得到传承弘扬而断代。

布摩王安治一家及典籍

东川小新街、牛厂坪及周边其他县市的布依族民间布摩所应用的古百越文字记载的摩文化典籍的发掘、整理及研究，正好诠释了美国著名人类学家的论断，充分证明了布依民族是拥有 4 000～6 000 年文明历史及文化发达的民族。

(四) 布依族特色的自然崇拜文化与节庆文化

布依族是典型的农耕稻作民族、水边民族。古往今来,布依族保持着尊崇大自然、顺应大自然、爱护大自然,保护和利用大自然,相依相融于大自然,与大自然和谐相处的传统美德。

远古时代,由于科学技术落后,人们对其赖以生存的大自然环境中的各种与生产、生活息息相关的自然物及自然现象,无法解释,无力与之抗争,为了生存和发展,产生了尊崇大自然、顺应大自然、爱护大自然、保护大自然、利用大自然,与大自然和谐相处的万物有灵、灵魂不灭的自然神灵崇拜,定期或不定期举行祭祀,形成了布依族民间丰富多彩的自然崇拜文化及原始生态文化。

东川布依人自古以来就普遍存在着自然崇拜,图腾崇拜,信仰多神,如山神、水神、土地神、树神、石神、寨神、雷神、火神、财神等等,特别是对待石神、树神,表现得更为突出。东川一些布依族居住较多的村寨,几百年来,一直有祖辈确定好的石神、树神供全寨人敬拜,如牛厂坪始祖庙处有三棵上百年前的老牛筋树;在龙头山、大石头、西瓜地、糯谷田等村寨也有布依族祖先认可的神树(或称风水树),布依族代代加以保护;在小新街有祖先指定的一块大石头,大红椿树,一直为子孙后辈供奉至今。

东川铜都镇起嘎小新村有一个布依族自然崇拜的观山寺庙宇,庙中有一个山神殿,是东川地区布依族先人将自己自然崇拜的八种自然物:星辰、土地、虫蛙鸟龙蛇、风雨、牛、五谷、马、山等拟人化,塑造成八个菩萨:北极微星菩萨、土神菩萨、虫王神菩萨、风波雨师菩萨、五谷太子菩萨、马王菩萨、牛王菩萨、山神菩萨等,形象栩栩如生,活灵活现,集中加以供奉,这是其他地区不多见的。这说明东川布依族对自然崇拜,从山野单家独户自然祭奉,到庙宇拟人化群体集中常态长年供奉,信仰及崇拜又跨进了一大步。

小新村观山寺山神殿中八种自然物拟人化成八个菩萨供民族群众敬仰祭拜

布依族对自然崇拜的热烈程度，还表现在每年特定的民族节庆文化中对多种自然物的吉祥大庆。如农历正月初一对水的崇拜，各村寨中各家的姑娘一大清早抢先到井边争挑第一挑象征财富和吉祥的"金银水"。农历二月二是布依族龙抬头的吉祥日子，欢歌吉庆。农历三月三是布依族准备春耕之前的祭山、祭水、祭树、祭石、祭田的吉庆日子，期盼山神、水神、树神、石神、田神保佑今年农耕风调雨顺。在罗平及东川起

小新街布依族六月六的长街宴

嘎小新街村地区，在三月三的日子，对水神祭拜更情有独钟，举行三月三泼水节，以示狂欢、吉庆。农历四月八是布依族"牛王节"，节庆之日，让牛休息，给牛喂新鲜嫩青草及花糯米饭，有

的地区或村寨还给牛王佩红绸挂彩布，敲锣打鼓，牵牛游村串寨，预示四月八之后，鼓足干劲就开始春耕了。农历五月五是布依族纪念龙的大节日，远在2200—2700年前的春秋战国时期，布依族的祖先就以龙舟竞技来吉庆，并将这龙舟竞技铭刻在越人铜鼓上。农历六月六是东川地区及全国各地布依族以纪念虫王及谷神的重大节庆日子，期盼虫王管好虫鸟等，不要危害稻禾，祈求稻谷神赐予大丰收。农历七月初第一个蛇日，是东川牛厂坪地区布依族纪念龙蛇的节日，七月半是布依族纪念谷神及老祖宗的日子，将最早成熟的谷穗摘回家，辗磨后做成新米饭来敬奉老祖先人，也称吃新节。农历腊月初八，是布依族祭拜虫王——青蛙的节日，青蛙在农田里吃害虫保护了稻谷丰收，辛苦一年，以过节日的方式欢送青蛙冬眠，来年再战。

小新街布依族欢度六月六祈祷丰收节（一）

小新街布依族欢度六月六祈祷丰收节（二）

牛厂坪布依族欢度七月蛇节会场

牛厂坪布依族欢度七月蛇节迎宾队伍

(五) 独具特色的东川牛厂坪布依族石头建筑与布依族吞口文化

在金沙江畔的牛厂坪布依族村寨,有两三百年前清代的石头民居建筑群,是布依族先民来到金沙江畔建设家园时建造的,布依族的先人们,因地制宜,就地取材,利用当地天然的板状石材做建筑材料,按民居风俗习惯,在山清水秀,风光旖旎,依山傍水的台地上,

牛厂坪村布依族石头房屋(一)

修建起独具特色的布依族石头民居建筑群。这种石头民居,修建时,除梁、横檩、楼板、门、窗外,其余用料全是石头。其中最具特色的是墙,它用各种大小不等,形状不同,具楼角状的石料

堆砌而成，石块之间以灰土黏合，墙的内外两面，一眼望去，都在一个水平面上；两墙交结的转角处，从上至下呈一条直线；特别引人注目的是屋顶用千年不朽的厚薄适中的天然石板代瓦，随料巧布，从房檐到顶，步步叠升，覆盖形态，自然天成，给人以美的感觉。

牛厂坪古老的石头民居建筑，一般是一楼一底二层式房屋。因为是就地取材，造价低廉，只花力气开采，不费分文随即可得，加之建筑师们，都是古往今来生息于这个特殊环境的布依群众，人人动手，技术高超，工艺精湛，代代相传，一家砌房，全寨相帮，既节约了成本，又凝聚了民族团结及和谐精神。

牛厂坪村布依族石头房屋（二）

牛厂坪布依族石屋建筑，几百年来，经历了东川地震高发的考验，不仅坚固耐用，而且冬暖夏凉，隔音性好，宽敞舒适。特别是现今有的人家将屋内设施及装饰进行现代化改进，是今后金沙江下游白鹤滩水电站大坝，储水成金沙湖后，供旅游者分享民族古典而现代化食宿的好去处。

新中国成立以前，东川布依族群众家中门楣上或粮仓楼柱上，常流行悬挂一种形象威武、严厉，具有镇邪、驱鬼、避妖魔作用的木雕工艺品——吞口，其造型精美绝伦，形象惟妙惟肖，栩栩如生，有较高的艺术价值。新中国成立后，由于历史原因，大量被毁，目前仅有少数村寨和个别人家，才有所珍藏，极其珍贵，如糯谷田潘氏家族保存了一百多年前布依族工匠手工雕刻的樟木双重双面"吞口"等，这是布依族"吞口"文化流行的见证。其内涵及艺术价值，有待大力深入研究，并可与旅游业结合，进行布依族"吞口"文化工艺品大力开发，致富百姓。

牛厂坪村布依族石头房石片瓦

东川布依族吞口文化（一）

（六）东川布依民族的铜鼓情结

从古至今，铜鼓是布依族及侗泰（壮侗）语民族先民的神圣之物，是王权、权势和财富的象征；铜鼓具有号令群众的威力，是宗教活动的礼器，是龙的化身，是蛙的精变，是引渡人的灵魂走向天堂的圣使，是保佑百姓的神灵护身符；是古越人农耕稻作生产方式及生活方式，拼搏自然，追求繁荣昌盛的象征，是布依民族顶礼膜拜神圣器物。

东川布依族吞口文化（二）

在东川的牛厂坪、糯谷田、小新街等村，历史上都曾有过铜鼓。例如牛厂坪的老祖宗来此开天辟地时，就随身带着具有灵性的铜鼓，期盼具有灵性的铜鼓神灵保佑，脚于当地该铜鼓历经风风雨雨陪伴布依人历经数百年，一直到20世纪"大跃进"大办钢铁之时，被当地政府动员当作废铜烂铁，销售给国家去大炼钢、铁、铜了。其他村寨的铜鼓，也因各种原因，无影无踪的消失了。尽管如此，东川布依民众对铜鼓的崇拜情结有增无减，期盼重新铸造铜鼓，组建铜鼓乐队，修建铜鼓广场，把铜鼓的神灵请回铜都东川。

四、结　语

通过金沙江流域布依民族历史与特色文化田野调查，得出如下几点认识：

（1）东川这片土地，历史古老而悠久。远古洪荒时代，越人就生活在这片土地上，留下了许多考古文化遗址，创造了光辉灿烂的文化，证明越人自古以来就是这片土地的主人。

（2）东川及周边县市，从古至今，在布依民间流行、传承和珍藏的用古老的古百越文字记载的摩文化及其典籍，是古百越文字及摩文化抢救、发掘、整理、研究的热点地区。

（3）从东川布依民族历史与多种特色文化的考察及研究来看，布依民族是开发东川这片土地的先趋者、成功者；是东川历史及文化古老而悠久的原住民族。

经济发展研究

党的惠民政策惠及布依族村民的调查

罗洪庆

党的十一届三中全会以来,党中央对农村出台了一系列惠民政策,如农村经济体制改革,家庭联产承包责任制;为发展林业划给农民自留山、责任山;产业结构调整,退耕还林;减免公余粮,建房补助,新农合医疗补助,低保进农村,科学种田、种地给予补助,修农村公路等。农民享受国家的惠民政策,促进了农村经济的发展,农民的生活得到改善,农民真正体会到,没有中国共产党就没有新中国,没有中国共产党就没有幸福生活。下面以马鞍田寨为例:

桥头乡老汪山村马鞍田,位于乡政府西侧,是个典型的山区,南与冷水沟接壤,东与坪子寨和石岩脚相连,北与白泥寨为邻,西连老刘冲。村名因一丘田形像马鞍而得名。居住着布依族42户180人,现有18户已迁至桥河公路上下侧。还有24户住在老寨。但他们依然是一个村民小组,老寨到马河公路需下一坡上一坡走弯弯曲曲的羊肠小道,全程3公里。1981年实行家庭联产承包责任制。2014年前这里交通闭塞,物资运进运出全靠人背马驮,遇雨天泥滑路烂难以行走。2014年冬季国家修乡村公路,由石岩脚修到马鞍田的老寨和新寨,2015年3月土路通车。经调查,由1982年至2016年马鞍田村民享受国家的惠民政策,体现在以下几方面:

一、农村经济体制改革惠及农民

1955年至1981年的26年间，马鞍田的经济体制与全国是一个模式，经历了土地改革，入初级社、高级社、人民公社。土地、牲畜、农具折价入社。合作社有社长、副社长、会计、保管员。集体做工由社长安排生产，催出工、催做活。会计管账，保管员管钱、管实物，社员做活评工记分。年终按工分分粮食、分钱。老百姓称"出工一窝蜂，做活磨洋工"，做活质量差，粮食产量低。马鞍田当时有22户，每年都有7~8户缺粮。1978年12月党中央召开十一届三中全会，1979年内地开始搞农村经济体制改革，因河口处非常时期，中越边境军事对峙。1980年6月才开始议论农村经济体制改革，1981年才实行家庭联产承包责任制。土地承包到户，产量承包到户，大牲畜、农具、社房全部折价卖给社员。承包到户的土地共271亩，其中稻田131亩，旱地140亩，承包到户的公粮2 538斤，加价粮5 200斤，议价粮7 160斤，储备粮3 000斤（交粮所代储），共计17 898斤。当时马鞍田有22户，平均每户承包上交的粮食804.5斤。未实行联产承产承包责任制之前，每年粮食总只有30 000多斤，实行联产承包责任制之后，年粮食总产达到90 000多斤。有的农户生产一年够吃3年，有的生产一年够吃2年。

二、林权改革惠及农民

农村经济体制改革之后，粮食收入有很大提高，但是森林遭到破坏，出现毁林开荒、乱砍滥伐的乱象。针对这种乱象，国家又出台了划自留山和责任山，称为两山划分，将一部分荒山划给社员种树，将集体森林划给社员管理，收入分成。这样做的结果杜绝了乱砍滥伐、毁林开荒的乱象，不仅有效地保护了森林，而且有所发展。另有部分旱地退耕还林。据调查，农民在林权改革方面也得到了好处。马鞍田农户共造林446亩,其中种60亩以上的有2户,种20亩以上的有3户,种10~16亩的有13户,种3~9亩的有24户。在林权未改革之前,农户没有森林,林权改革之后,每户农户都有自己的山林,自留山的林业收入都归个人所有。

三、农村产业结构调整惠及农民

过去农村的农民土地单一地种粮食,稻田单一地种稻谷,春种豆、夏插秧,旱地单一种玉米或杂粮等。种水稻产量一般每年每亩收入500~600元,但是投资大,成本高,利润低。种玉米每年每亩收入400多元,成本低,收入少。后来政府又出台产业结构调整的政策,农民将部分稻田调整种甘蔗、种水果,种本地甘蔗每年每亩收入可达5 000元以上,种水果每年每亩可收入2 000元以上,并且降低成本。部分旱地调整造林,虽然在短期内无效益,但是预算到成材出售时,每年每亩可收入3 000元以上。马鞍田种植水果的农户有30户,种植户占总农户的71%,共种植水果36 200株,其中种植3 000株的有3户,种植2 000株的有10户,种植300~1 000株的有17户。

四、国家减免公余粮,种地有资金补助惠及农民

马鞍田1985年前,每年负担公粮2 538斤,加价粮5 200斤,议价粮7 160斤,储备粮2 998斤,共计17 898斤。上述粮食任务每年秋收后都要运到粮所过秤入库。公粮是农业税,加价粮略高于国家牌价,议价粮即售主和买主的商议价,储备粮不付款,属于社员向集体交的储备粮,由粮所代储。后来国家对粮食政策进行改革,粮价放开,减免公余粮,各种交粮任务同时取消,减轻了农民负担,2007年以后,国家又出台种地补助政策,农民种地国家给予补助。如李万保承包的稻田1亩,旱地1.5亩,每年

国家补助95元。马鞍田的承包土地271亩，国家每年补助种地款10 298元。这是党和国家的惠民政策惠及农民的又一体现。

五、新农合政策惠及农民

党和人民政府出台了医疗保险的政策，农民的大病，特殊病的治疗有补助。马鞍田的42户农户180人，参加医保的有36户，占总户数的85.7%，参加医保的172人，占总人口的95.5%。参加医疗保险的人每年自愿交费120元，生病住院就可报销85%。2014年至2016年，马鞍田先后有110人住过院，报销医疗费20多万元，其中生特殊病的有3人。医保政策惠及农民，落到了实处。

六、低保政策惠及农民

马鞍田180人中有38人领低保，低保分3个档次，1档每月领125元，2档每月领100元，3档每月领80元。2016年改为1档每月领225元，2档每月领180元，3档每月领125元。农村老人，丧失劳力的经济困难者，生活都有保障。低保政策惠及农民落实到了实处。

七、农民建房补助

马鞍田42户，因2014年前交通不便，有18户迁到公路边建新居，他们都得到国家的建房补助，有2户每户补助30 000元，有13户每户补助10 000元，有1户补助12 000元，有1户补助4 000元，18户共得到补助20.6万元。

八、农村修公路惠及农民

乡村公路对发展生产至关重要，交通闭塞会制约生产的发展，对发展生产带来诸多问题，货物的运进运出增加成本，特别是运木料、运建筑材料更是增加工时,增加成本。马鞍田未通公路之前要走3公里的小路,山高坡陡,行走速度缓慢。2014年底国家出资金在马鞍田的范围内修通了9.8公里的公路,现在由老寨到新寨公路已通,买小车的有2户,买摩托车的有22户,买犁地机的有10户。赶集、运输货物更便捷,既减少成本又节约时间,为发展生产提供了有利条件。除了上述之外,还有电网改造补助,种子补助,小孩读书补助等惠民政策。

马鞍田1982年有22户,138人,人均有粮220斤,经济收入每人92元。因农村经济体制改革,到1985年每人平均有粮达到492斤,经济收入人均488元。自1985年至2015年的30年间,经济收入有很大变化。因产业结构的调整,剩余劳动力外出打工,到外省打工的有18人,在本地打临时工的有50多人。年收入8 000至10 000元的有23户;年收入15 000至20 000元的有10户;年收入20 000至30 000元的有3户;年收入30 000至50 000元的有3户,年收入50 000元以上的有3户。以上就是党的惠民政策惠及农民的体现。

民族团结社会稳定研究

党的民族政策是加强各民族团结社会稳定的基础

黄素华

布依族是中华民族大家庭的一员。我是布依族的一员,基于我的工作性质,我就对如何增强民族团结、维护社会和谐稳定的问题进行研究。

一、维护民族团结的重大意义

稳定是和谐的前提和基础,推进和谐社会建设,就必须保持社会的平安、稳定、有序。没有稳定,构建社会主义和谐社会就无从谈起。唯有稳定才能发展经济,才能达到社会和谐。构建和谐社会,需要做很多方面的工作,而保持安定有序、维护社会稳定,是最重要的工作。

保持社会稳定是大局,这是我国社会经济各项建设事业的一条极其重要的经验。改革开放30多年来,我国经济始终保持持续、快速、健康发展,综合国力显著增强,人民生活逐步改善,各项事业生机勃勃,国际威望不断提高。这一切都同我们的社会保持团结稳定的局面密切相关。我们应该倍加珍惜来之不易的大好局面。邓小平同志曾经指出:"中国的问题,压倒一切的是需要稳定。没有稳定的环境,什么都搞不成,已经取得的成果也会失掉。"这不仅为改革开放和现代化建设的实践所充分证明,也是广大干部群众从经验和教训中得出的共同结论,是人民的共同心声。

　　维护社会稳定，是构建社会主义和谐社会的必然要求。当前，我们所处的国际国内环境相当复杂，既面临大好机遇，也遭遇严峻挑战。团结一心，保持稳定，我们才能抓住机遇，克服困难，应对挑战。在推进中国特色社会主义伟大事业，实现中华民族伟大复兴进程中，我国正处于一个重要战略机遇期，确保稳定，才能抓住和用好这个战略机遇期，实现经济发展和社会和谐；确保稳定，才能化解矛盾、理顺情绪，团结一切可以团结的力量，调动一切积极因素；确保稳定，才能妥善解决我们面对的各种问题，为经济社会发展创造良好的内部和外部环境。在全面建设小康社会的大局面前，我们必须像爱护自己的眼睛一样珍惜、维护社会稳定。

　　维护社会稳定，实现社会和谐，一个重要问题是依法有序地看待和处理我们面对的问题。党的十八届四中全会审议通过的关于全面推进依法治国若干重大问题的决定，把法治作为治国理政的基本方式，彰显了时代发展对党执政方式和执政能力的新要求，依照宪法和法律来治理国家，更是党领导人民治理国家的基本方略。社会秩序是法治的基本要求，依法治国这句话，大家都拥护，这就意味着必须健全社会主义法制，充分发挥法治在促进、实现、保障社会和谐稳定方面的重要作用。社会的发展总会面临着矛盾和问题，也总是在不断解决矛盾和问题中前进的。当今世界很不平静，会有这样那样的摩擦和问题，国内改革建设不会一帆风顺，会有这样那样的困难。解决这些矛盾和问题，只能冷静理智、依法有序地进行。正如习近平同志所说："各级领导干部要提高运用法治思维和法治方式深化改革、推动发展、化解矛盾、维护稳定能力，努力推动形成办事依法、遇事找法、解决问题用法、化解矛盾靠法的良好法治环境，在法治轨道上推动各项工作。"

和谐与稳定符合国家和人民的根本利益，促进和谐与维护稳定是每一个公民的责任。我们都希望生活在一个和谐、稳定的社会之中，都希望国家尽快地富强起来，人民富裕起来，都希望顺利实现中华民族伟大复兴的宏伟目标，那么，人人应该为和谐稳定尽责，为和谐稳定出力。只要我们上下同心，各方协力，和衷共济，团结稳定，就没有克服不了的困难。我们相信，一个更加富强、更加民主、更加文明的中国必将屹立于世界民族之林。

民族团结是关系国家命运的重大问题，是事关全局的大事，是党的民族政策的重要内容。维护民族团结对于维护国家统一，贯彻落实科学发展观，正确贯彻党的民族政策，发展民族团结进步事业，加快民族地区经济发展，维护社会和谐稳定，抵御境外敌对势力渗透，加强精神文明建设，维护各民族共同利益，促进各民族繁荣进步，凝聚社会各界力量，实现中华民族的伟大复兴，具有重要的战略意义。新时期，维护民族团结成为考验党执政兴国、驾驭复杂国际国内环境的重要课题，是检验各级领导干部处理涉及民族问题突发事件、维护稳定的能力和水平的试金石。

二、妥善处理影响民族团结稳定的重大问题

随着改革发展的不断深入，各民族之间、地区之间、行业之间和个人之间的联系交流范围不断延伸，同时，因风俗习惯、经济利益等原因引起的摩擦、误会也时有发生。对于这种人民内部之间的矛盾，应当采取说服教育、民主协商、积极疏导的方法加以解决。作为边境地区民族自治县，宗教问题和民族问题有时交织在一起，如果这些问题处理不当或不慎，也会影响民族关系。处理涉及民族问题时，必须慎重从事，坚持马克思主义民族观，从有利于维护民族团结的原则出发，是什么问题就解决什么问题，不要轻率地扯到民族关系上。对于民族间发生的纠纷，要冷静分析，耐心疏导，及时处置。属于违反党纪政纪的，应给予纪律处分；属于刑事犯罪或民事纠纷的，不论出身哪个民族，都要依法处置；对于个别蓄意破坏民族团结、危害国家安全的触犯刑法的应当依法处理。坚决不说不利于民族团结的话，不做不利于民族团结的事，不干伤害民族感情的事。尊重各民族的风俗习惯，坚决反对任何民族歧视，反对大民族主义和地方民族主义。对于打着狭隘的民族主义旗号，挑起民族矛盾，制造民族分裂或披着宗教外衣，煽动民族分裂的，要及时掌握情况，坚决果断加以处置，依法予以惩处。

历史一再证明，团结就兴旺，就繁荣；分裂就动乱，就衰败。这是各民族发展进步的一条客观规律，也是各族人民的根本利益和强烈愿望。国际上因民族问题处理不当而引发国家分裂、民族纷争、社会动荡的事，要引起我们高度重视和警惕。我们必须清醒认识民族问题的复杂性和严重性，高度重视民族问题，妥善处置民族问题。

三、国家采取切实有效措施维护民族团结

（一）切实加强组织领导，为民族团结进步提供组织保证

越是落后的民族地区，越要重视民族团结。因为我们经不起折腾，别的地区都在搞发展，如果因为民族不团结，兄弟之间还在吵吵嚷嚷，影响了稳定，我们哪有精力搞发展？河口作为经济不算发达、多民族集聚的自治县，加强民族团结进步，维护社会和谐稳定显得尤为重要。县委、县政府历届领导班子始终把民族团结进步作为维护全县各族人民的最高利益来抓，作为全县的重点工作来抓，把民族工作摆上重要日程，纳入总体工作规划。建立民族问题排查调处机制，定期分析民族工作的新情况、新问题，不断增强正确处理民族问题的能力，把影响民族团结和社会稳定的问题解决在基层、解决在当地、解决在萌芽状态。认真贯

彻落实党的民族政策，不断提高处理民族问题和做好民族工作的能力。把民族工作纳入全县重点目标考核之中，纳入领导干部岗位责任制，形成党委牵头、政府推动、部门落实、全社会齐抓共管的良好局面。

（二）坚持发展第一要务，为民族团结进步提供物质基础

发展问题是处理和解决民族问题的物质基础，越是经济落后的少数民族地区，越要重视发展问题。经济发展是民族团结进步的物质基础，是实现民族平等的重要保证。多年来，县委、县政府认真贯彻落实科学发展观和习近平同志重要讲话精神，坚持把加快经济社会发展作为促进民族团结、实现共同进步的根本措施。优势特色农业加快发展，新农村建设扎实推进，民族团结进步示范乡村建设、第三产业快速发展，重点项目顺利实施，"兴边富民"政策的落实，解决民生问题取得突破，城乡面貌明显改观，社会各项事业全面进步，人民生活水平显著提高，为实现各民族团结进步奠定了坚实的物质基础。

（三）落实民族优惠政策，为促进共同繁荣发展提供政策支持

始终坚持把维护各族群众的切实利益当做落实党的民族政策、促进民族团结的首要任务。认真落实中央、省一系列特殊的、优惠的政策措施，加大财政转移力度；对民族教育项目坚持重点扶持，优先倾斜。加强少数民族后备领导干部队伍建设，对科级以上预备干部和后备干部在推荐时比例上做到了明确规定。在选拔领导干部时，坚持在同等条件下优先选拔少数民族干部，对特别优秀的少数民族干部破格提拔，在公开选拔和竞争上岗中拿出部分职位定向选择少数民族干部队伍，在招考国家公务员时，采取对少数民族招考人员加分等优惠政策，选拔和招考了一批少数民族干部。

（四）采取多种形式开展马克思主义民族观，党的民族宗教政策及民族宗教法律法规宣传教育活动

充分利用多种形式，广泛深入地宣传马克思主义民族观和党的民族宗教政策，宣传党在民族关系中"三个离不开"思想，宣传依法治国和以德治国的基本方略，使"维护法律尊严，维护人民利益，维护民族宗教团结，维护祖国统一"等四个维护的思想深入人心。特别是在每年的民族宗教团结宣传月中，大力宣传民族政策和宗教事务条例，要求群众要用客观公正的思想态度去看待双方的发展差距，不要用狭隘的思想或片面的个人主义去蛊惑群众。今年以来，县民族宗教工作部门在贯彻落实中央、省委及州委民族工作会议精神时，按照原云南省委书记李纪恒提出在云南"不谋民族工作，不足以某大局"和习总书记的"各民族都是一家人，一家人都要过上好日子"的要求，在全县各民族中强调：在热爱本民族的同时，要求教育子孙后代自觉地强化热爱中华民族大家庭的意识，增强中华民族的凝聚力。积极营造各民族之间相互尊重，团结互助的氛围。既教育了汉族群众尊重少数民族，也教育汉族与少数民族之间，少数民族与少数民族之间不仅要讲关怀和照顾，也要讲义务和奉献；不仅要讲平等和团结，也要讲法制和原则，引导他们自觉遵守国家法律法规，积极引导少数民族群众讲团结，讲友爱，讲关心，讲互助，讲价值，求发展，主动承担创建和谐河口的各项社会义务。

（五）正确处理民族差异、宗教信仰和发展的关系

按照马克思主义民族观的要求，民族本身就是一个历史范畴，她具有产生、发展和消亡的过程，但在社会主义时期，民族问题将长期存在。民族习惯，民族宗教之间的差异也将长期存在，这是社会认同的，也是必须尊重的。近年来，县委、县政府以及县属各单位认真贯彻落实党的民族政策，切实关心少数民族的风俗习惯和信仰宗教群众的宗教信仰，对少数民族的农业、畜

牧、水利、交通、教育、电力各项事业给予人力和财力的支持，尤其是民族、民政、扶贫等部门，发挥各自优势，积极帮助少数民族群众加快致富步伐，安排扶持少数民族专项发展资金，共建文明村、示范村、村村通公路、村村有电视专项举措，解决了少数民族发展生产、生活中的突出问题。大力发展少数民族教育事业，改善山区民族小学的办学条件，加强师资队伍建设，提高少数民族子女科学文化素质。教育、科技等部门积极开展教育扶贫、科技下乡活动，切实加强少数民族群众的教育和科技培训。依法保护少数民族的合法权益，在衣食住行、婚娶丧葬等方面，切实尊重他们的风俗习惯和宗教信仰自由，有效维护了边境社会稳定。

（六）明辨是非，加强民族矛盾纠纷排查调处工作

妥善处理民族群众间的矛盾纠纷，是加强民族宗教团结，维护社会稳定，巩固和发展社会主义民族关系的重要保证。县民族宗教事务局定期或不定期对辖区内涉及民族矛盾问题进行排查，对存在的隐患问题做到心中有数。对可能发生的影响民族团结的问题，搞好预测，超前做好工作，提前化解矛盾，及时消除不安定因素，牢牢把握工作的主动权。对涉及民族问题的纠纷和事件，采取"特别慎重""十分严谨""周密考虑"的态度，严格区分民族矛盾与非民族矛盾，忌简单盲目地把不同民族公民之间发生的民事、经济和治安等刑事案件同民族问题混为一谈。同时，教育广大群众明事理、顾大局，以免被坏人利用，严防别有用心的人蛊惑人心，扩大事态。在处理民族间群众的纠纷和突发事件问题上，始终坚持教育、疏导、化解的原则，及时准确地把握时机，讲求策略，注意方法，最大限度地团结广大群众，最大限度地打击和孤立极少数不法分子，防止问题复杂化，事态扩大化和矛盾性质转化。善于运用法律手段处理问题，坚持法律面前人人平等。对于各类违法犯罪活动，不论涉及哪个民族，信仰什

么宗教，都依法处理。教育引导群众依法维护自身的合法权益，当发生影响民族关系的问题时，坚持依照法律法规和正常程序解决，绝不采取简单粗暴、过激的手段进行压制。建立民族矛盾纠纷排查调处长效机制，并把这项工作纳入了民族团结目标管理责任制中加以检查考核。

四、作为一名公民，我们在增进民族团结维护社会稳定中如何发挥作用

（一）爱国爱党，拥护中国共产党的领导

中国共产党是我国的执政党，是国家政治生活的领导核心，是中国工人阶级先锋队，是中华民族的先锋队，党的执政理念是以人为本，立党为公，执政为民，因此坚持中国共产党的领导才能始终坚持中国特色社会主义道路，才能维护国家的统一，民族的团结，为实现中华民族伟大复兴创造稳定和谐的社会环境；才能最广泛最充分地调动一切积极因素实现全面建设小康社会的奋斗目标。中国共产党始终代表中国先进生产力的发展要求，代表中国先进文化的前进方向，代表中国最广大人民的根本利益。所以，我们必须坚决拥护中国共产党的领导，与以习近平同志为核心的党中央保持高度一致。

爱国，是发自内心对祖国的一种理性崇拜，一种民族自豪感。是一种以国家利益为己任的高尚情怀，是一种对一切有损国家利益和国家形象的维护。

没有国，哪来的家？要把培养爱国情怀、培育爱国精神作为我们的自觉行动，我们工作生活在边境地区，虽然也只是普通群众，但一言一行却代表着国家的形象，我们要集中精力谋发展，与各民族共同进步，不断提升我们的生活质量、改善生存条件，同全国人民一道奔小康，不拖国家的后腿；要注意和防范敌对势力的渗透和破坏，防止别有用心的人利用民族问题、邪教活动破坏国家的稳定，要勇于同危害国家安全、破坏边境和谐稳定的行为作斗争，不参与、不庇护危害国家安全犯罪活动，自觉维护国家团结统一、领土完整。

(二) 增强遵纪守法意识

俗话说：没有规矩，不成方圆。对一个公民来说，是否自觉维护公共场所秩序，纪律观念、法制意识强不强，体现着他的精神道德风貌。遵纪守法同时也是保护社会健康、有序发展的基础。布依民族受传统道德教育影响颇深，勤劳、孝敬、行善、谦和，这些都与国家的法律法规所倡导的相吻合，发扬和传承民族优秀传统文化是我们义不容辞的责任。

遵纪守法，首先要知法。随着"五五""六五"普法活动的不断深入，各族群众的法制意识普遍提高。但是，在日常生活中，往往有一些人，因为对法律的无知，为了一些不足道的小事，恶语相向，拔拳斗殴，伤害对方，甚至闹出了人命案子，成为终身憾事。这种惨痛的教训屡见不鲜。所以，一是每个公民都要认真学习法律知识，不断增强法制意识。首先要学习与自己工作、生活密切相关的法律、法规知识，搞清楚什么事可以做，什么事不能做，什么是法律允许的，什么是法律禁止的。二是要守法。任何人都必须严格遵守各项法律法规，否则，就要受到法律的严惩。三是要护法。如果人人都只考虑自己的安危，见恶不斗、见凶躲避，甚至目睹有人同犯罪分子搏斗时也不去相助，出现"英雄流血又流泪"的情况，就会使邪气上升，使社会不得安宁。因此，我们每个人都要敢于扶正祛邪，同一切违法违纪行为作斗争，努力为他人、为自己创造良好的社会环境。要加强公民意识，做一个具有法制观念的好公民

遵纪守法是对每一个公民的底线和要求；党员领导干部在自觉遵守国家法律法规的同时，还要自觉地把纪律和规矩挺在首位，不要触犯党纪党规这条红线。按照我们综合治理的工作原则

就是"看好自己的门,管好自己的人,办好自己的事"。

(三) 自觉维护各民族之间的团结

要认真学习了解党的民族政策,牢固树立"三个离不开"的思想,即"汉族离不开少数民族,少数民族离不开汉族,各少数民族之间也互相离不开"。这个观点高度概括和深刻阐述了中国各民族休戚相关、命运与共的血肉关系。首先,尊重并理解支持各民族的风俗文化,海纳百川,有容乃大,只有能包涵宇内的气度,才会赢得其他民族的尊重和信任。其次,互帮互助,减少各民族间的隔阂,加强交流,历史上曾有过很多著名的民族大融合现象,各族人民融合在了一起,但又保持有限的各自文化独立就必然会团结一致。最后就是各民族齐心合力,互相协作,团结奋斗,共同繁荣发展。